PAULO NAKATANI E A CRÍTICA DA ECONOMIA POLÍTICA NA PERIFERIA DO CAPITALISMO

Pedro Rozales R. Dominczak
Aline Faé Stocco
André Moulin Dardengo
(orgs.)

PAULO NAKATANI E A CRÍTICA DA ECONOMIA POLÍTICA NA PERIFERIA DO CAPITALISMO

1ª edição
Expressão Popular
São Paulo – 2024

Copyright © 2024, by Editora Expressão Popular Ltda.

Produção editorial: Lia Urbini
Revisão: Marcos Visnadi
Projeto gráfico, diagramação e capa: Zap Design
Impressão e acabamento: Paym

Dados Internacionais de Catalogação na Publicação (CIP)

D671p	Dominczak, Pedro Rozales R.
	Paulo Nakatani e a crítica da economia política na periferia do capitalismo / organizado por Pedro Rozales R. Dominczak, Aline Faé Stocco, André Moulin Dardengo. – São Paulo : Expressão Popular, 2024.
	172 p.
	ISBN: 978-65-5891-146-3
	1. Economia política. I. Stocco, Aline Faé. II. Dardengo, André Moulin. III. Título.
	CDD: 331
	CDU: 331

André Felipe de Moraes Queiroz – Bibliotecário – CRB-4/2242

Todos os direitos reservados.
Nenhuma parte desse livro pode ser utilizada
ou reproduzida sem a autorização da editora.

1ª edição: agosto de 2024

EDITORA EXPRESSÃO POPULAR
Alameda Nothmann, 806
CEP 01216-001 – Campos Elíseos, São Paulo, SP
atendimento@expressaopopular.com.br
www.expressaopopular.com.br
🔲 ed.expressaopopular
🔲 editoraexpressaopopular

SUMÁRIO

Lista de siglas utilizadas neste livro 7

Prefácio: Paulo Nakatani, un estudioso de Marx para la
crítica del capitalismo actual 9
Julio C. Gambina

O filho professor do senhor Eizo 19
Helder Gomes e Naara de Lima Campos

Contribuições para a crítica da economia
política: aportes de Paulo Nakatani 39
Marcelo Dias Carcanholo

A crítica da economia política do dinheiro e do sistema de crédito
na obra de Paulo Nakatani 49
Henrique Pereira Braga e Gustavo M. de C. Mello

Dinheiro e capital fictícios 59
Adriano Lopes Almeida Teixeira e Mauricio de Souza Sabadini

Os desafios para a compreensão do Estado capitalista e as lições
do professor Paulo Nakatani 69
Pedro Rozales R. Dominczak e Rafael Breda Justo

A economia brasileira em perspectiva: o estudo da conjuntura econômica 81
Neide César Vargas e Daniel Pereira Sampaio

Capitalismo, Estado e políticas sociais 97
Rosa Maria Marques

Paulo Nakatani: construindo e compartilhando saberes sobre
a China e o socialismo 107
Rogério Naques Faleiros e Renata Couto Moreira

As contribuições sobre a transição socialista a partir da Revolução Cubana.... 119
Aline Fardin Pandolfi, André Moulin Dardengo e Aline Faé Stocco

Crise do capital e crise da reprodução social 131
Lívia de Cássia Godoi Moraes

A formação dos(das) economistas e a economia
política no Brasil: contribuições do professor
Paulo Nakatani na Ange e na SEP.. 143
Camilla dos Santos Nogueira e Pollyanna Paganoto Moura

Ao camarada Paulo Nakatani, com carinho 153
Maria Lúcia T. Garcia e Vania Maria Manfroi

Sobre os autores... 169

LISTA DE SIGLAS UTILIZADAS NESTE LIVRO

Ange – Associação Nacional dos Cursos de Graduação em Economia
Capes – Coordenação de Aperfeiçoamento de Pessoal de Nível Superior
CBDC – *Central Bank Digital Currencies* (moedas digitais de Banco Central)
CCJE – Centro de Ciências Jurídicas e Econômicas
CNPq – Conselho Nacional de Desenvolvimento Científico e Tecnológico
Cohab – Companhia de Habitação Popular
CPP – Coordenação Política Pedagógica
CUC – peso cubano conversível
CUP – peso nacional cubano
DLT – *distributed ledger technologies* (tecnologias de registro distribuído)
E-RMB – E-Renminbi
ENFF – Escola Nacional Florestan Fernandes
ENPS – Encontro Nacional de Política Social
EUA – Estados Unidos da América
FMI – Fundo Monetário Internacional
IA – Inteligência Artificial
MST – Movimento dos Trabalhadores Rurais Sem Terra
Obor – One Belt, One Road (Um Cinturão, Uma Rota)
PCCh – Partido Comunista Chinês
PET – Programa de Educação Tutorial
PPGEco – Programa de Pós-Graduação em Economia da Universidade Federal do Espírito Santo
PPGPS – Programa de Pós-Graduação em Política Social da Universidade Federal do Espírito Santo
PUC-RS – Pontifícia Universidade Católica do Rio Grande do Sul
PUC-SP – Pontifícia Universidade Católica de São Paulo
SEP – Sociedade Brasileira de Economia Política
Sepla – Sociedade de Economia Política e Pensamento Crítico da América Latina

Lista de siglas

TRS – Teoria da Reprodução Social
UEM – Universidade Estadual de Maringá
UFCG – Universidade Federal de Campina Grande
Ufes – Universidade Federal do Espírito Santo
UFF – Universidade Federal Fluminense
UFPB – Universidade Federal da Paraíba
UFPR – Universidade Federal do Paraná
UFRGS – Universidade Federal do Rio Grande do Sul
Unicamp – Universidade Estadual de Campinas
URSS – União das Repúblicas Socialistas Soviéticas
WS – Welfare State

PREFÁCIO:
PAULO NAKATANI, UN ESTUDIOSO DE MARX PARA LA CRÍTICA DEL CAPITALISMO ACTUAL

Julio C. Gambina[1]

Sorprendido y agradecido con la convocatoria a escribir estas líneas de parte de los organizadores de este merecido homenaje a Paulo Nakatani, un dedicado estudioso de la obra de Carlos Marx, pero especialmente para discutir el capitalismo contemporáneo. Paulo no lee al originario de Tréveris para repetir, sino para ejercer en tiempo presente la crítica del orden económico capitalista y sobre lo que se dice del capitalismo, tanto como apología, como aquellos que pretenden resolver los problemas que aquejan a la mayoría empobrecida y explotada con reformas o paliativos. Es una lógica teórica y práctica coherente con la perspectiva revolucionaria del intelectual comunista de la "Internacional" o de "El capital", entre muchas de sus obras y motivaciones.

Mayor la sorpresa luego de disfrutar la lectura de los homenajes en textos interesantísimos, de compañeras y compañeros de trabajo y de militancia de Paulo; de discípulos o docentes inspirados en la labor docente y de investigación por los rumbos especiales del profesor Nakatani. Todas y todos brasileñas y brasileños, quienes compartieron en cercanía las enseñanzas y sugerencias de un pedagogo por excelencia. Leyéndolos, recuperé actividades compartidas en diversos escenarios, especialmente en Vitória. Tal como se destaca en los escritos, Paulo es un intelectual de pocas palabras habladas, pero suficientes y profundas en "aula" y en una escritura contextuada en la crítica contemporánea al capitalismo de época. Por eso la sorpresa, que me enorgullece, como hermano de tantas y tantos luchadores/as pensantes de este inmenso territorio que es Brasil. Leyendo las notas de este homenaje

---

[1]   Integrante de la Junta Directiva de la SEPLA

más me acerco a Paulo y a la tradición intelectual y de lucha del hermano pueblo de Brasil.

Confieso que lágrimas corrieron por mi cara al leer anécdotas y sentidas historias que agrandan la humanidad de Paulo y su socio intelectual y militante, el querido Reynaldo Carcanholo. Fue Reynaldo quien me llevo a Paulo y a Vitória, a la UFES y a ese colectivo comprometido con la causa de Nuestra América, con el pensamiento crítico, con Marx y una perspectiva por la emancipación, a la "Escuela de Vitória", territorio de pensamiento y crítica de la economía política. Confieso también que al comienzo discutí con ellos la concepción crítica a la "financiarización", hasta comprender que se hacía desde la recuperación de la categoría del "capital ficticio" de Marx.

La verdad es que mi recordado profesor de El Capital en Moscú a comienzo de los años 80 del siglo pasado, Anastasio Mansilla, nos insistía en la integralidad de esa gigantesca obra inacabada por Carlos Marx. Con la recuperación del "capital ficticio" adquiere relevancia la reflexión de aquel huérfano de la guerra civil española acogido por la revolución rusa y profesor de economía política, especialmente de El Capital para muchos revolucionarios, incluidos los jefes de la revolución cubana y que tuve la suerte de cruzarme de joven en su camino. Es que sin la teoría marxista del valor (Tomo I) es imposible entender la lógica contemporánea de la especulación financiera, lo que supone profundizar en la renta del dinero y específicamente en el capital ficticio (Tomo III), claro, atravesado por el análisis de los ciclos del capital (Tomo II).

Polemizar con la vulgaridad de concepciones sobre la financiarización del capitalismo era el propósito iniciado desde Vitória. Concepción vulgar que pretendía afectar la propia concepción de la ley del valor y con ello a Marx y a sus conclusiones relativas a la revolución.

Recuerdo que a fines de los 90, fue Orlando Caputo, intelectual chileno, maestro de muchos de nosotros, quien en CLACSO, en el Grupo de Trabajo sobre Economía Internacional que por entonces dirigía Emir Sader, discutió la "moda de la financiarización" del capitalismo, recuperando la centralidad de la producción en Marx. En rigor, de un proceso articulado de producción y circulación, una lógica que atraviesa los tres tomos de "El Capital". La producción (I), la circulación (II) y el conjunto de producción y circulación (III).

Prefácio

Éramos una minoría los que batallábamos desde esta concepción, por lo que el primer mensaje de caracterización de época sobre el régimen del capital que nos llegó sobre la financiarización en la escuela de Vitória nos llamó la atención.

Por eso, el rescate de Paulo y Reynaldo, de la teoría monetaria en Marx, con base en su teoría del valor y, por ende, la renta financiera y el capital ficticio en ese sentido, daba nuevos y fortísimos fundamentos a la comprensión del orden capitalista contemporáneo, especialmente luego de la crisis del 2007/09.

Se trata de una cuestión trascendente, ya que ambos intelectuales brasileños rescataban una categoría de Marx, imprescindible en la crítica del capitalismo contemporáneo.

El asunto es que la crisis de rentabilidad del capital de los 60/70 era provocada por la disputa del plusvalor vía derechos sociales y laborales conquistados por la lucha de trabajadoras y trabajadores, algunos de los cuales fundamentaron la narrativa por confrontar al "estado benefactor", base de la respuesta violenta de la ofensiva capitalista para restaurar la baja de la tasa de ganancia en ese tiempo.

Remitimos a un conjunto de derechos, laborales, sociales, educativos y sanitarios, entre muchos, que eran expresión de la acumulación de fuerzas lograda por la lucha popular en beneficio de los ingresos populares, salarios, jubilaciones, prestaciones diversas, etc. La lucha de clases instalaba desde esa acumulación de poder popular el imaginario por una sociedad sin explotación, el socialismo, por lo que se impuso la consigna por un "nuevo orden económico" a comienzos de los 70 en el seno de Naciones Unidas. La respuesta violenta del poder se manifestó en lo económico en un ciclo de acumulación exacerbando la fórmula resumida del capital, en D-D′, dando curso a las teorizaciones de autonomía de las finanzas respecto de la producción.

La acumulación capitalista a la salida de la crisis de los 60/70 del siglo pasado se montó sobre una ofensiva terrorista del capitalismo en el Sur de América, luego estandarizada mundialmente desde las potencias imperialistas con la restauración conservadora de Margaret Thatcher y Ronald Reagan, quienes subordinaron a la socialdemocracia europea asumiendo ese proyecto "neoliberal" en los años 80 del siglo pasado, y nuevamente a las "democracias realmente existentes" en Nuestra América en los 90, ya bajo la orientación del Consenso de Washington (CW). El CW impulsó la iniciati-

11

va privada, las privatizaciones y las desregulaciones, especialmente luego del fin de la bipolaridad (1945/1991), que en lo simbólico se expresaba como la lucha entre socialismo y capitalismo, más allá de las realidades construidas en el este de Europa y el campo del "socialismo".

Era el fin de la hegemonía keynesiana, iniciada con las políticas para contrarrestar la crisis de los 30 del siglo pasado y generalizada en los treinta gloriosos años que siguieron al fin de la segunda guerra mundial. La síntesis neoclásica reunió a la corriente tradicional de la "economía", ya no de la "economía política", con la tradición de política económica derivada del pensamiento de Keynes, fallecido en 1946. El legado de Keynes volvía al seno de la escuela neoclásica. Prácticamente en simultáneo, hacia 1947 emerge la "Sociedad de Mont Pelerin", instalando el desafío por la hegemonía de la explicación del orden económico y las políticas económicas a desplegar a favor del "mercado", o lo que es mejor decir, de la recuperación de la rentabilidad del capital. Es el debate entre keynesianos, incluso mejor, de la síntesis neoclásica con los liberales de la "escuela austríaca" y los de "Chicago".

Se trata de una polémica respecto de una visión del capitalismo y cómo afrontar el desafío civilizatorio, en la que la tradición de Marx aparecía marginada en el ámbito académico, pero acrecida en la acumulación política en la disputa revolucionaria vía conquistas de derechos sociales, sindicales, laborales, individuales, colectivos; en el proceso de descolonización de Asia y África, la insurrección creciente en todos los territorios del sur del mundo, especialmente en Nuestra América con la experiencia cubana y particularmente con el triunfo de Vietnam contra la potencia hegemónica del imperialismo, EEUU. Parte de ese proceso es el exilio, entre ellos, de intelectuales, especialmente en el caso de Reynaldo, que se potencia en la asociación virtuosa con Paulo, desembarcando ambos en Vitória y el inicio de una experiencia que impactó en variadas camadas de jóvenes intelectuales y expresiones del movimiento popular.

El debate de época en los 60/70 era entre el socialismo y el capitalismo, por lo tanto, la discusión se centraba en las formas de la disputa y el acceso al poder. De hecho, los ultra-liberales levantaran el diagnóstico de "Caminos de la servidumbre", el libro de Hayek (1944) para contrarrestar los vientos de cambios y revolución de un imaginario socialista extendido, que incluían a la visión keynesiana, aun cuando este jamás se propuso un

Prefácio

horizonte crítico al capitalismo, sino precisamente como "salvar" al capitalismo de la crisis. Es también el tiempo de la publicación de "La gran transformación" de Polanyi, también en 1944, en la búsqueda de nuevos rumbos civilizatorios entre la restauración liberal y la visión asumida del marxismo oficial en condiciones de procesos revolucionarios en curso del "socialismo realmente existente".

Insistamos que Keynes no se proponía el socialismo, aun cuando los liberales de Mont Pelerin acusaran a toda reforma al régimen liberal de propulsar el socialismo. Por eso, los principales escribas de la ortodoxia liberal, austríacos o monetaristas colocan el acento en la libertad de mercado y la crítica a la intervención estatal, a su vez, una característica de la forma de gestión generalizada en las experiencias revolucionarias realmente existentes.

Paulo inicia sus estudios y compromiso con la crítica de la economía política en estos años de ofensiva capitalista desde el golpe contra Salvador Allende y la Unidad Popular, territorio de acogida de intelectuales exiliados, Reynaldo como dijimos entre muchos y muchas. Es una temporalidad de más de medio siglo desde 1973 con cambios muy profundos en las relaciones sociales de producción capitalistas, en donde el capital avanza en la subsunción del trabajo, la naturaleza y la sociedad en el capital. Por eso se agiganta el papel rescatado en los escritos de este texto que prologamos, respecto a intelectuales que, como Paulo, desplegaron una actividad colectiva de recuperación de la tradición crítica con Marx y un intento de respuesta a los temas contemporáneos. No se puede confrontar la ofensiva del capital sin comprender para transformar la propia realidad del orden capitalista en nuestro tiempo. En ese plano, el aporte relativo al lugar del capital ficticio en este medio siglo resulta esencial. Mucho más en tiempos de aliento a las monedas cripto, privilegiados activos financieros que actúan en la especulación moderna, animando el imaginario liberal de no intervención de ninguna autoridad monetaria en el respaldo y garantía del algoritmo.

La ofensiva capitalista se desarrolló teórica y políticamente. En lo teórico destaca la visión "neoliberal" disputada o asociada entre Viena y Chicago, con los Nobel del Banco de Suecia, a Hayek en 1974, y a Friedman en 1976; y en lo político, será la dictadura pinochetista la que colocará el sello de la violencia sobre los cuerpos para sellar profundas y reaccionarias reformas en las relaciones sociales de producción a favor del restablecimiento de la rentabilidad del capital. Hayek y Friedman abrazaron a Pinochet y asumieron ese prerrequisito de la violencia para el ejercicio del librecambio y la liberalización. Se reiteraba la lógica de la acumulación originaria, sangrienta en la Europa de los inicios capitalistas y en la conquista y el genocidio de los pueblos originarios en América.

El proceso de desposesión no es natural, es violento y supone la dominación de minorías apropiadores de medios de producción sobre la mayoría social explotada. Hemos sostenido que esa ofensiva potencia la subsunción del trabajo en el capital, tal como lo suscitó Marx, que se extiende en la actualidad a la naturaleza y a la sociedad.

Con esa nueva hegemonía teórica y la voluntad de ejercitar una política reaccionaria se procesó el aliento y el estímulo al libre movimiento internacional de capitales, con la acrecida deuda como mecanismo privilegiado sustentado desde un sistema financiero interconectado con nuevas tecnologías de comunicación e información, favoreciendo negocios de la especulación y el delito explícito en el comercio de drogas, armas o personas. Todo se simplificó con la concepción de la financiarización y un nuevo flanco para desacreditar la teoría del valor y el plusvalor de Marx.

Rescatar a Marx importa para una adecuada crítica del capitalismo, base para pensar en estrategias de superación, más aún luego de décadas de la caída del socialismo realmente existente en el este de Europa y su principal efecto en el desaliento en el imaginario popular colectivo por la revolución socialista.

La hegemonía cultural del orden capitalista bajo la narrativa pro mercado de austríacos y monetaristas de Chicago exige un cuidadoso rescate de Marx y su crítica al capitalismo contemporáneo, por eso, insistimos en la importancia de volver sobre los estudios del dinero en Marx, de su teoría monetaria, de la renta y sus diversas formas, no solo de la tierra, sino del dinero y por ello, el lugar del "capital ficticio" en la coyuntura de este medio siglo de brutal ofensiva capitalista.

Recuperar la ofensiva popular requiere de una estrategia integral, teórica y política del movimiento obrero y popular, que parte de la adecuada crítica al régimen del capital en el presente. Marx es imprescindible para ese proceso, más aún cuando la crítica a la teoría monetaria de Marx se asentó por medio siglo al abandono del patrón oro y la emergencia de moneda fiduciaria con garantía de bancos centrales, dólar, euro, yen, yuan; ahora relativizado con la crisis del dólar, las guerras comerciales y monetarias y todo un debate sobre la hegemonía de la gestión capitalista. El atesoramiento en metales, especialmente del oro, motiva nuevas discusiones sobre el dinero, en el sentido de la sección primera de El capital, Mercancía y Dinero, con lo que supone un debate relativo a la teoría de la crisis, en la crítica de Marx a la teoría de Say relativa a que toda oferta tendrá finalmente demanda, fundando una teoría de la crisis intrínseca a la relación capitalista formulada por Marx.

No solo volver sobre Marx, y sus variados textos que amplían la crítica al capitalismo más allá de las relaciones económicas y que dimensionan integralmente al orden capitalista, sino y muy especialmente a profundizar en la historia de la resistencia y confrontación al capitalismo, especialmente de aquellas experiencias que tuvieron éxito, aun transitorio y efímero. Las revoluciones definen al siglo XX, especialmente luego de octubre de 1917, ya que sin la revolución rusa no existe la dinámica concreta de una lucha de clases con un régimen del capital a la defensiva desde entonces, por eso "caminos de la servidumbre", como réplica para retomar un rumbo de acumulación de ganancias y capitales sin el freno de la lucha obrera y popular.

Se necesita evaluar la estrategia desde el Manifiesto hasta la caída y desarticulación de la URSS (1848-1991), como parte de un ciclo de lucha de clases, que, en sentido histórico, puso freno a la ofensiva del capital desplegado desde la acumulación originaria. Esa experiencia a la que remito y nos involucra es la lucha social y cultural en el intento subjetivo concreto por reorganizar el orden socio económico, político y cultural, como voluntad expresada por medio de la revolución.

En ese plano destaca el aporte desarrollado por Paulo en los últimos años sobre la cuestión de la transición del capitalismo al socialismo, especialmente en los esfuerzos por entender la dinámica global de la lucha de clases y en esa perspectiva el estudio de las experiencias de Cuba y de China. La primera cercana, por geografía y vínculos históricos de una tradición nuestramericana, pero lejana desde el aislamiento propiciado por los poderes de las burguesías gobernantes en toda la región, atemperado y contrarrestado por la solidaridad de los pueblos, estimulada por el internacionalismo de la propia revolución cubana. La segunda más lejana territorial y culturalmente, pero cercana en las relaciones comerciales, económicas y financieras en estas tres décadas del siglo XX, lo que convoca a debates teóricos y políticos en la izquierda regional y global sobre como caracterizar al gigante asiático.

Julio C. Gambina

Ante la ofensiva del capital por más de medio siglo en plena crisis de los 60/70 del siglo pasado, intervenir en la recomposición de una estrategia por la revolución es un tema esencial. Por eso la recuperación de los aportes de Paulo y de Reynaldo resultan de interés para las actuales y nuevas generaciones de quienes abonan en la crítica al capitalismo. Marx pensó y actuó en tiempos de consolidación del orden capitalista, de ofensiva del capital, e inspiró un tiempo de revoluciones, más allá de cualquier valoración que pueda hacerse de la Comuna de París, de la revolución en Rusia y de todas las experiencias en su nombre. La realidad nos devuelve la violencia del régimen del capital, como en la acumulación originaria, sustentando ayer y hoy la desposesión, la extensión de la mercantilización, la explotación y el saqueo, para continuar el camino de la valorización y producción de plusvalía, más allá de cualquier tendencia a la disminución de la tasa de ganancia.

El capital recrea los mecanismos de la explotación de la fuerza de trabajo y el saqueo de los bienes comunes, lo que requiere continuar la tradición de los clásicos de la revolución, especialmente Marx, cuya crítica no era solo a la economía, sino al capitalismo como orden civilizatorio, que continua afirmándose en la violencia y la destrucción, en el desarrollo de las fuerzas productivas, de la ciencia, la innovación y la devastación social y natural, conteniendo en su seno la contradicción de las relaciones capitalistas. Es el accionar humano, de las trabajadoras y trabajadores quienes construyen con su práctica cotidiana las condiciones a sintetizar teóricamente para reinstalar una perspectiva revolucionaria en nuestro tiempo. Ese es el legado presente de un profesor brasileño, ahora "aposentado", que continúa integrado a redes globales de manera activa para motorizar una dinámica internacionalista por las trasformaciones anticapitalistas y por el socialismo.

Hace poco, en octubre del 2023 tuvo la suerte de compartir actividades en la UFES con Paulo y muchas y muchos de quienes escriben en este merecido homenaje. Fue ocasión para reafirmar la importancia de la "Escuela marxista de Vitória", algo más que un imaginario, que tiene trayecto en articulaciones locales, regionales y globales, que evidencian que la teoría y práctica de la revolución se ejercen en lugares concretos y con la voluntad del ejercicio de la crítica que imponen ciertas personalidades, en cualquier lugar en que desarrollen su actividad. Paulo sostuvo el legado construido en conjunto con Reynaldo y hoy, pese a su nuevo status de aposentado, Paulo Nakatani continúa leyendo tesis, sugiriendo temas e inspirando nuevos

Prefácio

encuentros del pensamiento crítico, desde la UFES, la SEP, la ANGE, la SEPLA y variadas construcciones que lo tuvieron como protagonista y las continúa desde afuera, con su tradicional humildad y silencios, que empujan al accionar creativo de una construcción colectiva y consciente para la transformación social.

También quiero agradecer a Paulo y a ese colectivo de Vitória, que además del aprendizaje mutuo desplegado en octubre pasado y otros encuentros anteriores, pudimos profundizar nuestros lazos de camaradería y amistad degustando la comida capixaba y bien regados con cerveza o cachaza.

Buenos Aires, 5 de abril de 2024

O FILHO PROFESSOR DO SENHOR EIZO

HELDER GOMES
NAARA DE LIMA CAMPOS

No prefácio de seu memorial para ascender ao cargo de professor titular na carreira docente, Paulo expressou a dificuldade que sentia ao escrever sobre si mesmo, sua carreira e suas realizações profissionais. Revelou que tal exposição não estava alinhada aos seus valores, objetivos de vida e, muito menos, à sua personalidade reservada. Quem conhece o professor Paulo Nakatani compreenderá que a discrição e o comedimento são traços marcantes de sua personalidade.

Com isso vocês devem imaginar quão desafiadora foi a nossa tarefa ao responder positivamente ao chamado dos organizadores desta coletânea para escrever algo sobre a jornada da vida do Paulo. Desde que iniciamos essa escrita, que tem um caráter biográfico,[1] titubeamos inúmeras vezes, sob o peso da incerteza, pois nos perguntamos se seria possível dar um vivo formato narrativo a alguns extratos da existência desse grande ser humano.

Decidimos abraçar o desafio de registrar apanhados de uma história que definitivamente mereceria ser contada com minúcia. No entanto, todo esse detalhamento escaparia, por um lado, aos limites deste texto e, por outro, aos limites que compõem a própria personalidade de Paulo e que gostamos de respeitar. Como bem disse Marcelo Carcanholo em seus escritos sobre a personalidade acadêmica: "Paulo Nakatani não quer aparecer, mas está sempre ali". Em sua vida pessoal, ele preferiu manter relações próximas com um pequeno círculo de pessoas.

Portanto, o que encontrarão por aqui são apenas fragmentos da jornada desse grande homem. A abordagem da narrativa é em geral factual, mas também está recheada de extratos subjetivos e interpretativos tecidos

---

[1] O conteúdo sobre a trajetória acadêmica foi extraído da defesa de memorial que ele apresentou ao processo de promoção a professor titular, em 2015.

a partir das memórias e confidências colhidas durante as ocasionais, longas e agradáveis conversas com as quais ele resolvia nos brindar. Esperamos que a reunião dessas memórias torne este texto uma leitura agradável para ele.

Por meio de uma entrevista paterna, gravada de forma bastante caseira por mãos familiares,[2] vieram à tona os caminhos da jornada de Paulo Nakatani e sua família, desde o Japão até a região norte do Paraná, no Brasil do primeiro período Vargas. Na entrevista, ecoa a voz cansada e trêmula dos longos anos de Eizo, pai de Paulo, que descende de famílias tradicionais japonesas. O pai herdara a tradição *kannushi*, dos que cuidavam de santuários xintoístas. A mãe descendia de antigos samurais, dos tempos do xogunato Tokugawa. Ambas as tradições foram perdendo importância após o período da Restauração, ocorrido na segunda metade do século XIX.

Eizo nasceu em 1912, num navio de pesca que costumava viajar anualmente, a partir de abril/maio, do Japão até as ilhas litorâneas da Sibéria. Era uma longa viagem de verão e os pescadores contratados costumavam ser acompanhados por familiares. Dessa forma, o avô paterno de Paulo (ainda com poucos anos na atividade dos navios pesqueiros) viajava naquele momento ao lado da esposa grávida. O parto ocorreu antes do retorno à cidade de Miyazaki, que normalmente acontecia entre cinco e seis meses após a partida. Naquelas condições, resolveram que o menino receberia um nome diferente, resultante da junção de parte do nome do navio e de parte do nome de seu capitão: daí, Eizo.

Dezoito anos mais tarde, na viagem migratória da família para o Brasil, primeiro vieram Eizo, a mãe, uma irmã, o cunhado e um sobrinho de 5 anos. O pai de Eizo, avô de Paulo, ficara no Japão, com o argumento de terminar um tratamento oftalmológico. Desde o início, quando membros da família propuseram a mudança para o Brasil, o avô paterno resistiu, dizendo que não precisava ir tão longe para trabalhar e ficar rico. Contudo, a moradia da família (um hotel que administravam) foi incendiada, abrindo a oportunidade para retomar a proposta de emigração – com um projeto de enriquecer e, após dez anos, retornar. O pai de Eizo resistiu mais uma vez, alegando que poderiam reconstruir o hotel com a madeira plantada que possuíam. No final,

---

[2] A entrevista foi gravada por José Alcides (irmão do Paulo) e por Daise Cristina Plaskievicz, esposa de José Alcides, entre os anos de 1998 e 1999.

porém, acabou cedendo: aceitou que a família partisse. Ele ficou. Paulo conta que sua família veio do outro lado do mundo em busca de riqueza, e que jamais conseguiram tal feito.

Após 75 dias da partida, chegaram ao Brasil num navio japonês chamado Santos, o qual trouxe cerca de 150 pessoas naquela extensa viagem. Eizo, pai de Paulo, narra a experiência a bordo do navio, equipado para acomodar muito bem a tripulação embarcada. Segundo ele, havia, inclusive, cinema. Todas as refeições eram providenciadas pelos copeiros, então Eizo e sua família deci diram se juntar a eles na tarefa de lavar as louças, transformando a ociosidade em uma oportunidade de colaboração e vínculo durante a longa viagem.

Chegaram ao porto de Santos logo após o início do governo Vargas e precisaram esperar por dois dias até terminarem os trâmites de desembarque e a definição do destino daquela leva de imigrantes. Ao desembarcar, ele e a família foram levados por um jovem japonês que dizia estar há sete anos no Brasil. Foram para a cidade de São Paulo e iniciaram o deslocamento, de trem, para uma fazenda que ficava a cerca de 20 quilômetros da cidade de Ribeirão Preto, no interior do estado. A primeira refeição oferecida no trem foi pão com salame ou com linguiça, mas eles decidiram descartá-la, já que não estavam habituados com aqueles alimentos.

Eizo conta que residiu na região por cerca de três anos, junto com sua família, dedicando-se ao trabalho árduo na fazenda cafeeira. A transição cultural foi marcante: aprenderam a construir camas (um móvel pouco comum no Japão) rudimentares com estacas de bambu e exploraram novos sabores, como a manga.

Ao chegarem à colônia, depararam-se com casas abandonadas. Após uma faxina rápida, improvisaram suas camas e estenderam os colchões. Naquela noite, lágrimas silenciosas banharam seus rostos, mas ao raiar do dia o chamado do trabalho os despertou. Eizo abraçou sua nova realidade com determinação, entregando-se às tarefas árduas de um trabalhador explorado. "Trabalhava que nem burro."

Na fazenda, três fiscais montados a cavalo circulavam entre os trabalhadores pelo cafezal. Apesar da oferta para que Eizo e sua família se tornassem fiscais, ele recusou firmemente, determinado a trabalhar e ganhar seu dinheiro sem a aspiração de ser fiscal.

Três anos após a chegada da primeira leva da família Nakatani ao Brasil, finalmente o pai de Eizo desembarcou, acompanhado de sua irmã mais velha. No entanto, pouco mais de um mês após se estabelecerem nestas terras, o avô de Paulo veio a falecer devido a complicações cardíacas.

A família migrara para outra fazenda, passando a trabalhar em regime de colonato. Eizo relata que sua saúde estava debilitada por uma condição crônica de "água no pulmão". Enfrentando crises de tosse intensa, ele iniciou um tratamento com o médico que visitava semanalmente a fazenda para atender as famílias. Eram cerca de 120 famílias de colonos, entre brasileiros e japoneses. Eram 25 famílias de japoneses. A família inteira trabalhava na colheita de café. Recebiam pela panha de 8 mil pés de café o equivalente a 80 réis. Compravam tudo no armazém da própria fazenda, mas tinham liberdade para comprar em outros lugares. O dinheiro não sobrava, mas também não faltava. Os sapatos eram um luxo reservado para as visitas à cidade; no dia a dia, trabalhavam descalços, o que os expunha ao desconhecido flagelo dos bichos-de-pé.

Durante a viagem para o Brasil, no navio Santos, Eizo conheceu uma jovem. Desde então, passaram a conviver nas fazendas onde as famílias imigrantes trabalhavam, exceto por um período de dois a três anos em que se distanciaram. A irmã de Eizo recebia essa jovem em casa para ensinar a costurar e ele, muito tímido na época, desde cedo já se interessava em namorá-la. Aos domingos, a colônia japonesa celebrava festivamente, abatendo galinhas e brindando com cachaça. Eizo tinha entre 24 e 26 anos quando se uniu à jovem em matrimônio, e dessa união vieram vários filhos ao longo dos anos -- um deles foi Paulo Nakatani.

Naquela época, as famílias estavam sempre em processo migratório. Em Araraquara, eles se dedicaram ao cultivo de algodão por cerca de quatro anos. Arrendaram parte de uma fazenda para esse fim, e pagavam em dinheiro na época da colheita. No entanto, o cultivo do algodão mostrou-se desafiador com as chuvas ocasionais prejudicando significativamente tanto as colheitas quanto a qualidade dos produtos: "perdia-se muito".

Com o passar do tempo, mudaram-se para Tupã, onde se dedicaram ao cultivo de verduras. No entanto, a dificuldade de proporcionar uma educação adequada às crianças, que percorriam quase 20 km até a escola, motivou uma nova migração, agora para área mais próxima à cidade. Era um momento de muito sacrifício e de sofrimento durante a labuta. Eizo contava com o apoio da mãe, que já estava em idade avançada. Juntos cultivavam hortaliças, cebola, tomate e caminhavam em direção a Jundiaí com a cesta carregada de produtos para vender na cidade; não tinham carroça, apenas dois burros. Faziam isso duas vezes por semana, durante a madrugada. Eizo então deixava a mãe no mercado, e ela vendia os produtos enquanto ele fazia o caminho de volta para recomeçar o trabalho às 7h da manhã. Tomava café para vencer o sono e conseguir trabalhar o dia inteiro.

> *Sale loco de contento con su cargamento*
> *Para la ciudad, ay, para la ciudad*
> *Lleva en su pensamiento todo un mundo lleno*
> *De felicidad, sí, de felicidad*
> *Piensa en remediar la situación*
> *Del hogar que es toda su ilusión, sí*
> Rafael Hernández Marín

Eizo conta que foi preso durante a Segunda Guerra Mundial, devido à perseguição aos imigrantes japoneses. A residência da família ficava próxima a um campo de aviação, a cerca de 4 km de distância. Três agentes policiais foram à sua casa e queriam saber o que havia dentro dos sacos de arroz que estavam empilhados num canto. Revistaram toda a produção e também toda a casa. Havia três livros de escritos do irmão marinheiro, que havia falecido num acidente de viagem do Japão à Coreia, os quais foram confiscados pela polícia. No dia seguinte, ao se apresentar na delegacia, conforme ordem do dia anterior, Eizo notou que lá estavam também o seu cunhado e mais de 20 companheiros imigrantes do Japão.

Depois de passar 20 dias na prisão, Eizo foi finalmente libertado; porém, os livros confiscados não foram devolvidos. Ao deixar o local, notou que várias salas continham objetos confiscados, organizados por nacionalidade. Em sua maioria, os itens pertencentes aos japoneses eram livros, enquanto os alemães tinham rádios e outros equipamentos. Surpreendentemente, entre os pertences dos italianos não havia nada em específico.

A vida na lavoura tornava-se cada vez mais árdua. Diante dessa realidade, a família optou por aceitar uma oferta de trabalho no Paraná. Encontraram um senhor ao qual a família de Eizo havia ajudado em um momento de desemprego, ainda no Japão. Esse senhor prometeu auxiliar a família na construção de um armazém em uma cidade do norte paranaense. A mãe de Eizo estimulou o filho e a nora a migrarem novamente em busca de melhores condições de vida. Naquela época, tinham duas ou três crianças.

Ao chegar ao Paraná, a família de Eizo descobriu que o amigo tinha outros interesses em mente. O tempo passou e a proposta inicial de estabelecer-se em uma chácara para erguerem juntos um negócio comercial se desfez, revelando-se apenas como um estímulo para que cuidassem da lavoura naquela pequena gleba.

Passados seis meses, diante da falta de cumprimento das promessas feitas anteriormente, Eizo tomou a decisão de procurar emprego em um armazém de secos e molhados, onde costumava fazer suas compras periodicamente, na cidade de Jaguapitã (PR). Chegando ao estabelecimento, contou sua história, buscando convencer um rapaz de pouco mais de 20 anos, que dizia ser o dono do armazém. O resultado foi imediato, Eizo começou a trabalhar naquele mesmo dia, com a promessa de uma admissão formal quando chegasse a época da próxima colheita.

Passado o período prometido, Eizo procurou novamente o patrão, para saber da admissão formal. Acertado o "ajuste", iniciou o trabalho como balconista naquele armazém que, segundo ele, vendia grãos diversos (feijão, café, arroz), tecidos e bebidas que eram compradas em tambores em grande quantidade e revendidas em garrafas e garrafões. A condição seria alugar uma casa num lugar mais próximo, pois teria que trabalhar desde as 7 da manhã lavando os vasilhames, que seriam encaminhados para o engarrafamento das bebidas, no fundo do estabelecimento (antes, portanto, do horário de abertura da loja aos clientes, normalmente, às 8h). O trabalho também envolvia carregar o caminhão de sacas de cereais, aos sábados, bem como acompanhar as entregas, aos domingos.

A diversidade de atividades na cidade, no armazém, nas compras e entregas de mercadorias, logo abriu portas para uma nova oportunidade, numa localidade chamada Guaraci, no mesmo município. Lá, Eizo começou a trabalhar em uma serraria de madeira. Embora reconhecesse a importância do trabalho, Eizo sentiu que era uma perigosa ocupação, já que frequentemente ocorriam acidentes com seus colegas. Inicialmente, ele tinha planejado ficar apenas quatro meses no novo emprego, até a próxima safra, quando a demanda no estoque aumentaria novamente. No entanto, acabou permanecendo na serraria por muitos anos. Além do risco de acidentes, Eizo enfrentava um ambiente de trabalho onde o patrão costumava gritar muito com os funcionários, muitas vezes os envergonhando. Foi por conta disso que, em um certo dia, ele tomou a decisão de sair da serraria.

Eizo, que veio do outro lado do mundo em busca de uma riqueza que jamais encontrou, constituiu família, teve filhos e tratou de integrá-los a essa nova sociedade, à custa até do sacrifício da sua própria cultura original. Ele viveu vários anos mais e contou muitas outras histórias sobre sua saga brasileira, mas, para os propósitos deste capítulo, ficaremos por aqui, pois foi nesse momento, no final dos anos 1940, que nasceu seu filho Paulo Nakatani.

OS PRIMEIROS ANOS

> *Tenho pra minha vida*
> *A busca como medida*
> *O encontro como chegada*
> *E como ponto de partida*
> Sérgio Ricardo

Paulo passou os primeiros anos de vida na cidade de Guaraci, distrito do município de Jaguapitã, atualmente com menos de 5 mil habitantes, no Norte Novo do Paraná. Nos anos 1950, era uma região de expansão de ocupação recente, organizada pela Companhia Melhoramentos Norte do Paraná. Era uma época em que as possibilidades de contato com o restante do país e do mundo eram escassas.

No final do curso ginasial, Paulo permaneceu em Guaraci e sua família se mudou para Paranacity. Posteriormente, a família mudou-se para Cruzeiro do Oeste, onde Paulo se juntou a eles e concluiu o último ano do curso ginasial. Cruzeiro do Oeste oferecia um curso técnico em contabilidade, que ele passou a frequentar após o término do ginasial, pois era a única possibilidade de continuar os estudos na cidade.

Entre o final do primeiro ano e o início do segundo, sua família mudou-se para Arapongas, aonde Paulo também se transferiu e, em 1966, concluiu o curso técnico de contabilidade. Durante esse período, ele trabalhou em vários empregos para sustentar-se enquanto seguia seus estudos. Em Guaraci, trabalhou em um armazém de secos e molhados; em Cruzeiro do Oeste, atuou como entregador e vendedor em uma loja de tecidos; e em Arapongas, trabalhou como vendedor e, posteriormente, como auxiliar de contabilidade em um escritório, até alcançar o cargo de contador em outra loja.

Em Arapongas, contou com o apoio de um contador nissei, que era como uma espécie de parceiro de trabalho, pois gentilmente assinava os balanços exigidos enquanto Paulo ainda não possuía a habilitação necessária. Essas experiências pavimentaram seu caminho até a Faculdade de Ciências Econômicas de Apucarana (PR), em 1968. Aliás, o ofício de contador permitiu que ele ganhasse a vida durante o curso de graduação em ciências econômicas.

O INÍCIO DA VIDA ACADÊMICA

A escolha de Paulo pelo curso de ciências econômicas foi motivada por razões imediatas e práticas. Primeiramente, ele nunca havia sido confrontado com informações detalhadas sobre as diversas profissões disponíveis, como é comum hoje em dia. Em segundo lugar, ao avaliar as alternativas e possibilidades nos vestibulares disponíveis, pensou que teria dificuldades para ser aprovado por considerar sua formação primária muito precária. Segundo ele, sua base em matemática era quase inexistente. Foi então que descobriu a existência de uma Faculdade de Ciências Econômicas em Apucarana. Decidiu buscar informações sobre os processos de ingresso e os detalhes do vestibular daquela instituição.

Em terceiro lugar, por ocasião do destino, ao chegar em Apucarana, Paulo encontrou Osvaldo, então presidente do diretório acadêmico. Osvaldo o recebeu e forneceu não apenas as informações necessárias para o vestibular, mas também uma vaga na república onde morava (pois estava de saída). Além disso, ofertou-lhe um emprego em um escritório de contabilidade onde trabalhava, ao saber que essa era a profissão de Paulo à época.

O ano em que Paulo iniciou sua trajetória acadêmica foi um período marcado pela ascensão das lutas sociais, como o famoso maio de 1968 em Paris, e pelo último Congresso da União Nacional dos Estudantes (UNE) em Ibiúna, antes de sua proscrição. Embora Apucarana fosse uma pequena cidade do interior, o fervor das lutas chegava lá por meio do movimento estudantil. Logo após o ingresso na faculdade, Paulo foi incluído na chapa que concorria à direção do centro acadêmico. Iniciou-se, então, sua jornada de militância acadêmica.

Paulo conta que foi influenciado por Antônio dos Três Reis de Oliveira, morto pela repressão durante a ditadura militar, e também por Divonzir Lopes Beloto, estudante de economia na Universidade Federal do Paraná (UFPR), que se tornou um amigo e o ajudou muito durante sua vida acadêmica. Recebeu deles os primeiros livros que moldaram sua formação: *Os princípios fundamentais de filosofia*, de Georges Politzer, e *Fundamentos de filosofia*, de V. Afanasiev. Pouco mais de 50 anos depois, em 2022, Paulo doou a uma de suas alunas um desses importantes livros. Essa generosidade sobre a partilha do conhecimento é uma marca incessante do Paulo. "Fiquei bastante agradecida por ter recebido de presente um texto que tanto marcou a formação do Paulo. Aquele texto tem sido fonte de grandes aprendizados filosóficos." (Naara Campos)

No ano seguinte, por intermédio de um amigo chamado Pedro Luiz Razende e dada sua experiência técnica inicial em contabilidade, Paulo foi aprovado em um teste para trabalhar na Companhia de Habitação Popular (Cohab) em Curitiba, ocasião em que conseguiu também transferir sua matrícula para o curso de ciências econômicas da UFPR.

No entanto, as dificuldades em conciliar o trabalho diurno com as aulas no período noturno logo o levariam a se desligar da Cohab para retomar as aulas matutinas, atendendo à necessidade de estudar no período regular de sua matrícula formal. A partir daí passou a trabalhar em horários mais flexíveis até o fim da graduação, em 1971, prestando serviços contábeis a pequenas empresas e, depois, fazendo assessoria municipal no interior do Paraná.

Ainda durante o curso de graduação em economia, ele lia, paralelamente, textos sobre economia, filosofia e política que não faziam parte do currículo da época e discutia esses temas em grupos de estudo que organizava. Foi um momento em que leu obras de Ruy Mauro Marini, Theotônio dos Santos, Maria da Conceição Tavares, Marx, Engels e Lenin, além de documentos de organizações clandestinas, em sua maioria proibidos. Paulo conta que nunca fez parte de organização ou partido político e que a sua militância foi uma "militância acadêmica", por assim dizer.

Paulo terminou o curso de ciências econômicas no ano de 1971 e decidiu abandonar de vez a contabilidade e dedicar-se a ser um economista. Segundo ele, não tinha muitas certezas sobre como exercer a profissão, mas oportunidades surgiram, levando-o em 1972 a mudar-se para Maringá (PR).

O INÍCIO DA CARREIRA DOCENTE

A carreira de Paulo Nakatani como professor teve início com um estágio remunerado na Universidade Estadual de Maringá (UEM), a qual, no segundo semestre de 1972, incentivou a formação de recém-graduados/as por meio de bolsas voltadas especificamente para a formação de novos/as docentes, com o objetivo de renovar o quadro do curso de Ciências Econômicas.

Durante os anos de 1973 e 1974, o estágio de docência envolveu um processo gradual de aprendizagem, em que os/as estagiários/as deveriam substituir o professor Ney Marques, bem como outros professores, nas aulas da graduação, sob supervisão. Além disso, a turma precisou estudar para elaborar um trabalho individual de conclusão do estágio. O texto produzido por Paulo Nakatani foi selecionado e publicado na primeira edição (1974) da *Revista Unimar*, órgão oficial da UEM, com o título "Tecnologia e subdesenvolvimento".

Ainda em 1974, o professor Ney Marques desenvolveu o curso de especialização em Planejamento Econômico e Social, para aperfeiçoamento do quadro de estudantes que estava em processo de contratação após o referido estágio e demais profissionais com interesse no tema. Esse curso foi ministrado com a participação de docentes de outras universidades, o que ampliava o leque de conteúdos, inclusive com disciplina de didática do ensino superior.

A militância estudantil exercida na graduação também contribuiu naquele novo período de iniciação do professor Nakatani. Desde o início do estágio supervisionado, ele teve a oportunidade de participar ativamente das atividades administrativas, primeiro como representante da turma em estágio (1973), depois como secretário (1974) e chefe (1975) no Departamento de Economia da UEM. Essas primeiras experiências logo abriram novas perspectivas de avançar na formação acadêmica.

Após uma breve passagem pela Fundação de Economia e Estatística (FEE), de Porto Alegre, para onde se transferiu a convite do professor Ney Marques, o ano de 1976 marcaria o início dos estudos de pós-graduação do professor Nakatani, quando ingressou no curso de mestrado do Instituto de Estudos e Pesquisas Econômicas, na Universidade Federal do Rio Grande do Sul (UFRGS). Além dos estudos de teoria econômica ortodoxa indicados pelas disciplinas do mestrado, teve a oportunidade de conhecer mais profundamente a obra *O capital*, de Karl Marx, em suas leituras particulares.

Com o fim do período de créditos do mestrado, em 1977, outra oportunidade de migração apareceu na carreira de Paulo Nakatani. Foi convidado a trabalhar como professor colaborador no Departamento de Economia e Finanças do *Campus* II da Universidade Federal da Paraíba (UFPB), localizado na cidade de Campina Grande. Naquele período, a ausência de docentes com mestrado e doutorado permitiu ao Paulo, ainda mestrando, ministrar disciplinas, inclusive no mestrado de Economia Rural, junto com outros colegas em igual condição. Com a experiência de gestão, exercida na docência inicial, logo foi convidado a ocupar o cargo de chefia daquele departamento.

Outros horizontes se abriram quando da visita do presidente da França, Valéry Giscard d'Estaing, ao Brasil, em 1978. Com o acordo de cooperação entre Coordenação de Aperfeiçoamento de Pessoal de Nível Superior e o Comité Français d'Evaluation de la Coopération Universitaire avec le Brésil (Capes-Cofecub), o *campus* de Campina Grande da UFPB recebeu como professores visitantes vários pesquisadores franceses renomados e, além disso, o convênio permitiu o envio de docentes brasileiros para concluir a pós--graduação nas universidades francesas.

NOVOS SALTOS NA CARREIRA DO DOUTOR PAULO NAKATANI

Em meados de 1979, Paulo Nakatani iniciou seu primeiro percurso pela França, onde teve que aprender rapidamente o francês e, ao mesmo tempo, ultrapassar seus próprios limites para chegar ao doutorado em Economia, sua meta naquele convênio. Ali, conheceu pessoalmente o professor Pierre Salama, do qual havia lido vários livros, que o aceitou como orientando no mestrado da Université Paris Nanterre e, depois, no doutorado de terceiro ciclo, na Université de Picardie, em Amiens, onde defendeu a tese *La Politique Agricole au Nord-Est du Brésil.*

Com a conclusão do doutorado, em dezembro de 1982, o professor Nakatani retornou ao Brasil, onde encontrou um novo professor contratado: Reinaldo Antonio Carcanholo. Com o professor Carcanholo, passou a partilhar não apenas boa parte das pesquisas realizadas no período posterior, mas também os movimentos de luta pela pluralidade no ensino superior, como a alteração dos currículos da graduação em economia, a formação de cursos críticos de pós-graduação e a criação de sociedades e encontros acadêmicos voltados para a difusão do pensamento crítico.

A primeira dessas grandes articulações acadêmicas ocorreu nas mobilizações de estudantes e docentes, de diversos cursos de Ciências Econômicas distribuídos no território nacional, que resultaram nas alterações curriculares definidas na Resolução 11/84 do então Conselho Federal de Educação. A mais importante vitória daquele momento foi a criação de novas disciplinas e a abertura de oportunidades para estudantes de Economia se apropriarem das obras originais do pensamento econômico de forma mais plural e abrangente, abandonando a tradição do ensino de graduação, até então restrita à leitura de manuais ortodoxos, especialmente de macro e microeconomia. Essa mobilização deu origem à Associação Nacional dos Cursos de Graduação em Ciências Econômicas (Ange),[3] após a realização do I Congresso Brasileiro dos Cursos de Graduação em Economia, realizado em 1985. A partir dali os professores Nakatani e Carcanholo puderam se destacar como lideranças na organização e na participação ativa nos congressos anuais da Ange, com o intuito de fortalecer a luta pela pluralidade no ensino de economia, em nível nacional.

O professor Nakatani permaneceu no *Campus* II da UFPB até 1989, onde ministrou as disciplinas de Economia Industrial, Agricultura e Desenvolvimento Econômico, Agricultura e Capitalismo, Microeconomia, Análise Macroeconômica II e Introdução à Economia. Em 1989, se transferiu para a Universidade Federal do Rio Grande do Norte, na qual ministrou as disciplinas de Introdução à Teoria Econômica, Teoria Monetária, Economia Política I e Metodologia da Ciência Econômica.

Em 1992, o professor Nakatani chegou à Universidade Federal do Espírito Santo (Ufes), onde consolidou seu amadurecimento intelectual, ao lado do parceiro professor Carcanholo, também recém-transferido para o *campus* de Goiabeiras, em Vitória. Na Ufes, ministrou disciplinas nos cursos de graduação em Ciências Econômicas, Serviço Social e Ciências Sociais. Com isso, abriu o leque de disciplinas ministradas, alcançando, além da Economia Monetária, na qual se especializou com grande destaque, a Análise de Conjuntura, Sistema Econômico e Contabilidade Social, bem como as variantes da disciplina Tópicos Especiais: A crise financeira, Economia Planificada, Economia Brasileira Contemporânea, Introdução à Economia Política, entre outras.

---

[3] Há um texto neste livro, de autoria de Camilla dos Santos Nogueira e Pollyanna Paganoto Moura, que trata das contribuições de Paulo Nakatani na formação dos(das) economistas no Brasil, em especial por meio da Ange e da SEP.

Deve ser destacado, também, que em vários momentos dessa trajetória o professor Paulo Nakatani exerceu diversas atividades de gestão, tanto no Departamento de Economia como no Colegiado do Curso de Ciências Econômicas da Ufes.

Uma das mais importantes contribuições acadêmicas do professor Nakatani à graduação da Ufes foi na organização do Grupo de Estudos e Pesquisas em Conjuntura Econômica, em 1997. A proposta foi elaborada em conjunto com o professor Fabrício de Oliveira, que trouxe sua experiência na coordenação do Centro de Conjuntura da Universidade Estadual de Campinas (Unicamp) e se manteve um colaborador permanente do grupo da Ufes, desde o início. O sucesso desse novo grupo se manifesta, até hoje, em cada edição do *Boletim de Conjuntura*, cujo trabalho de produção se diferenciou de grupos semelhantes por envolver diretamente o corpo discente participante na pesquisa de dados e informações e, inclusive, na redação supervisionada dos textos publicados. Essa publicação tem sido resultado do acompanhamento direto da conjuntura local, nacional e internacional e da realização de debates semanais sobre o material coletado, cujo trabalho sempre foi partilhado em subgrupos, distribuídos por temas permanentes do boletim: análises de indicadores macroeconômicos, da política fiscal, da política monetária, da evolução dos mercados de trabalho, entre outros.

A evolução da pós-graduação na Ufes também deve muito aos esforços de dedicação do professor Paulo Nakatani e de suas parcerias internas e externas. Por sua trajetória docente e sua experiência de gestão acadêmica, reconhecidas nacional e internacionalmente, a chegada dos professores Nakatani e Carcanholo à Ufes foi fundamental para a organização das condições para a criação do mestrado em Economia, em 1994, numa instituição até então muito carente de cursos de pós-graduação. Nas primeiras turmas do novo mestrado, o professor Nakatani ministrou as disciplinas de Estado e Economia e Globalização e Capital Financeiro.

NOVA INTERNACIONALIZAÇÃO

As interações nacionais e internacionais e a produção acadêmica foram ainda mais impulsionadas a partir das tarefas de condução da pós-graduação em Economia na Ufes, levando os professores Nakatani e Carcanholo a participar, junto com outras reconhecidas lideranças intelectuais, da articulação que resultou na instituição da Sociedade Brasileira de Economia

Política (SEP), em junho de 1996. A SEP foi fundada durante o I Encontro Nacional de Economia Clássica e Política, cuja organização contou, além dos professores Nakatani e Carcanholo, com a participação de docentes renomados, tais como Mário Duayer e Victor Hugo Klagsbrun (UFF), Rosa Maria Marques (PUC-SP) e Eleutério Fernando da Silva Prado (USP). Tratavam, assim, de avançar nos movimentos iniciais que acabaram criando a Ange, nos anos 1980, tendo a pluralidade na produção de conhecimentos como premissa de contínua mobilização de parcerias.

O professor Nakatani participou ativamente da direção da SEP, nas etapas iniciais de sua consolidação no meio acadêmico, bem como presidiu a Sociedade por dois mandatos, entre 2008 e 2012. Dessa forma, teve um papel decisivo para a diretoria criar as condições para realizar anualmente o Encontro Nacional de Economia Política e, a partir desse evento, proporcionar um intenso intercâmbio intelectual e político de economistas críticos brasileiros em nível internacional. A SEP foi uma das primeiras entidades latino-americanas da área a se integrar, desde 1999, à Federação Internacional de Associações para a Reforma da Economia, assim como estabeleceu conexões duradouras com a International Initiative for Promoting the Political Economy (IIPPE) e com a World Association for Political Economy (WAPE).

Desde o início, a SEP edita a cada quadrimestre a sua *Revista da Sociedade Brasileira de Economia Política*. Além de ser um dos articuladores da criação dessa reconhecida revista acadêmica, o professor Nakatani assumiu a tarefa de coordenar a organização de 20 edições dessa publicação, entre os anos de 1998 e 2008.

Toda essa experiência credenciaria o professor Nakatani a participar de conselhos editoriais de diversas revistas acadêmicas, entre as quais se destacam a *Revista de Economia Crítica*, da Espanha, e a *Revista Proteo*, da Itália, bem como as revistas brasileiras *Crítica Marxista, Textos & Contextos, Revista da SEP*. Dessa forma, agregaria em seu currículo iniciativas editoriais, iniciadas já nos tempos da *Revista Raízes*, do Centro de Humanidades da UFPB, quando ainda estava no início da carreira.

A PEDAGOGIA JUNTO AOS MOVIMENTOS POPULARES

Ao mesmo tempo, como não poderia deixar de ser, a SEP decidiu estabelecer, desde cedo, interações com intelectuais e movimentos sociais da América Latina. Logo de início, se dedicou a consolidar laços de cooperação com a Universidad de Las Madres de la Plaza de Mayo, de Buenos Aires. Depois, gradativamente, foi criando espaços de interação no interior de seus encontros anuais, editando em vários momentos o Colóquio Latino-americano de Economia Política. Da interação internacional promovida por esses colóquios, nasceu a Sociedade Latino-americana de Economia Política e Pensamento Crítico (Sepla), em 2005, aglutinando em torno de si intelectuais de toda a América Latina e do Caribe, em contínuo apoio às lutas objetivas dos movimentos populares em todo o continente.

O acompanhamento das atividades da Sepla levou o professor Nakatani a várias edições do Fórum Social Mundial, como as que ocorreram em Porto Alegre e a de Caracas, na Venezuela, em 2006, ministrando oficinas e participando ativamente de outras modalidades de debate. Ele passou a integrar o Fórum Mundial de Alternativas, desde sua participação no Fórum Social Mundial realizado em Bamako, no Mali, em 2005. A partir de então, pôde comparecer às reuniões dessa destacada organização interdisciplinar de debates sobre os desafios contemporâneos da humanidade, em Bruxelas (Bélgica), em Caracas (Venezuela), em 2008 e em Cáceres (Espanha), em 2010.

É desse período e dessas relações com a Sepla que o professor Nakatani ajudou a construir o Observatório de la Crisis, reunindo intelectuais de vários continentes na análise permanente das consequências do que seus membros chamaram de Grande Depressão do Século XXI.

Em particular, é importante também destacar, nessa atuação junto aos movimentos populares, os trabalhos do professor Paulo Nakatani em apoio aos cursos de especialização organizados por meio de convênios firmados entre alguns centros de pesquisa e a Escola Nacional Florestan Fernandes, sediada em Guararema (SP). Entre as contribuições mais importantes, vale lembrar da participação como docente de várias edições do curso Introdução Sistemática à Obra de Karl Marx, organizado pelo professor José Paulo Netto. Além disso, o professor Nakatani contribuiu ativamente na organização, ministrou disciplinas e orientou trabalhos de conclusão de várias edições do curso de especialização em Economia Política e Desenvolvimento Agrário, recebendo na Ufes discentes vinculados a diversos movimentos populares organizados em todo o país.

O GRANDE SALTO

Cabe também ressaltar a importante migração do professor Paulo Nakatani e de outros colegas que fundaram o mestrado em Economia para o Programa de Pós-Graduação em Política Social (PPGPS) da Ufes. Tal movimento contribuiu bastante para viabilizar a criação do PPGPS, em 2004, dentro dos requisitos institucionais exigidos, dada a carência de docentes com o aporte de experiências que o grupo detinha naquele momento. Junto com o professor Reinaldo Carcanholo, o professor Nakatani passou a ser referência para orientação na linha de pesquisa Reprodução e Estrutura do Capitalismo Contemporâneo, ainda mais quando o referido programa passou a ofertar vagas para doutorado e estágio pós-doutoral. Desde a primeira turma do mestrado em Política Social, o professor Nakatani ministrou a disciplina Estado e Sociedade, que depois foi renomeada Estado e Reprodução Social, além de ofertar em vários momentos a disciplina Tópicos Especiais em Política Social e dirigir seminários de pesquisa e leitura dirigida.

A difusão acadêmica do PPGPS ganhou grande expressão a partir das edições anuais do Encontro Internacional e Nacional de Política Social, para o qual o professor Nakatani tem sido referência fundamental, na organização geral, na articulação com intelectuais para convites de participação nas mesas de exposição e debates temáticos e para os minicursos, bem como nas atividades sociais de recepção.

As relações internacionais do professor Paulo Nakatani com outros centros de pesquisa se intensificaram bastante após sua atuação no PPGPS da Ufes. Exemplo disso ocorreu a partir de 2010, quando ele passou a compor um grupo de pesquisa organizado pelo professor Wen Tiejun, da Universidade Renmim, de Beijing, com a tarefa de coordenar a etapa brasileira de um projeto de estudo comparado, envolvendo as marcas fundamentais dos distintos processos de desenvolvimento econômico que ocorreram, nas últimas décadas, em sete países: África do Sul, Brasil, China, Índia, Indonésia, Turquia e Venezuela. Esse intercâmbio proporcionou, inicialmente, a participação da equipe do PPGPS, coordenada pelo professor Nakatani, em três eventos acadêmicos na China, bem como a visita em eventos acadêmicos da Ufes de duas professoras chinesas do grupo de estudos e extensão coordenado pelo professor Wen: as professoras Lau Kin-Chi e Sit Tsui, da Universidade Lingnan, em Hong Kong. Com isso, ampliaram-se sobremaneira as oportunidades de novos encontros, que passaram a envolver inclusive membros do corpo discente do PPGPS, em visitas curtas a várias localidades da China, mas também em cursos mais alongados, na modalidade sanduíche.

Em 2012, nasceu também desse intercâmbio com centros de ensino, pesquisa e extensão da China a constituição do grupo de pesquisa Estudos Críticos do Desenvolvimento, coordenado pelo professor Paulo Nakatani. A interdisciplinaridade, própria do PPGPS, ganhou grande expressão com esse grupo de pesquisa, que passou a reunir docentes de diversas áreas de conhecimento da Ufes, incorporando ainda orientandos(as) do professor Nakatani, que passaram a produzir teses sobre as marcas das experiências de transição ao socialismo na China e em Cuba. Além disso, foram incorporados(as) outros(as) estudantes de pós-graduações e de graduações, atraídos(as) pela perspectiva interdisciplinar dos debates e das produções do grupo.

Foi com essa perspectiva que, sob a coordenação dedicada do professor Paulo Nakatani, grupos de pesquisa foram sendo criados, fundidos ou readequados, mudando de abordagem. Uma simbiose acadêmica de grande enriquecimento intelectual, especialmente nos momentos de externalização de seus estudos e debates. Em vários momentos, os seminários abertos organizados por esses grupos de pesquisa puderam contar com a participação de convidados(as) de vários centros de pesquisa da América Latina, da Europa, da África e da Ásia, se consolidando como importantes iniciativas, ao lado de outras, promovidas por outros(as) docentes, no avanço do exitoso processo de internacionalização institucional do PPGPS. De um lado, o professor Nakatani se destacou nos convênios de cooperação em pesquisas, com grandes centros de pesquisa em nível mundial; de outro, contribuiu de forma dedicada, junto com outros(as) docentes, na criação de condições para enviar discentes do PPGPS para o exterior e recepcionar estudantes e professores(as) de diversas origens, em nível mundial.

A grande contribuição teórica da parceria entre os professores Nakatani e Carcanholo foi a perspectiva inovadora de conceber o movimento do capital em crise na atualidade. Os dois passaram a conceber o momento atual como uma etapa distintiva das formas de acumulação anteriores, em que surge o domínio do capital especulativo parasitário sobre as demais formas de acumulação capitalista em nível mundial. Essa leitura particular resultou de um intenso esforço de produção de conhecimento, com foco na elaboração teórica, compartilhada desde o final dos anos 1990, na busca de maior precisão em interpretar os dilemas contemporâneos que desafiam, inclusive, a existência da humanidade.

A busca por maior rigor na distinção da atual etapa da acumulação capitalista, em relação ao período que se estendeu do final da Segunda Grande Guerra até o final dos anos 1960, significou resgatar ensinamentos sobre a lógica de expansão capitalista recente. Para esses autores, a reprodução do modo de produção capitalista se estrutura, atualmente, a partir da produção fictícia de riquezas e na apropriação centralizada de lucros fictícios (a grande inovação categorial dos dois pesquisadores), subordinando ao movimento da acumulação fictícia todas as demais formas de acumulação (juro, renda da terra, lucro da produção, lucro comercial etc.).

Entre as inquietações desses pesquisadores quanto a alguns limites das interpretações críticas mais gerais sobre a crise que se aprofunda há algumas décadas, a maior foi o uso do termo "capital financeiro" para designar distintas formas que assume o capital a juros. Daí buscarem mais precisão para a categoria marxiana de "capital fictício", pouco explorada pela maioria dos economistas. Por isso mesmo, a difusão das problematizações expostas por eles em artigos e encontros acadêmicos gerou muitas críticas e, com elas, a necessidade de aperfeiçoamentos das provocações iniciais.

Tudo isso contribuiu bastante para o aprimoramento dos estudos. O intercâmbio crítico de impressões sobre o tema e até mesmo a ampliação das parcerias de investigação com colegas da Ufes e de diversos outros centros de pesquisa, em vários países, proporcionaram o enriquecimento do processo de pesquisa e dos seus resultados. Com isso, a categoria "lucros fictícios", resultante da pura especulação, ganhou *status* central entre as alternativas de explicação da retomada de crescimento da taxa de lucro geral, em meio à crise econômica mundial – uma proposta efetivamente genuína, reconhecida como tal por economistas de renome internacional.

Paulo sempre nos disse que nunca fez planos ou traçou rotas específicas para sua vida, apenas vivia a partir dos encontros e das oportunidades que lhe apareciam no cotidiano. Este texto buscou retratar um pouco do caminho percorrido por ele ao longo dos seus 75 anos de vida.

Se Marx utilizou o tempo como uma das grandezas centrais para entender a realidade da sua época e instigar possíveis transformações, Paulo tem como principal unidade de grandeza a generosidade, que trata de uti-

O filho professor do senhor Eizo

lizar sem moderação. Qualquer um que teve e ainda tem a possibilidade de estabelecer qualquer tipo de conexão com ele vai confirmar sua disposição em compartilhar seu vasto conhecimento, construído ao longo de muitos anos de jornada.

Em 2020, ano da pandemia de covid-19, mais um desafio na vida de Paulo e de todo o mundo. Ele estava em missão de pesquisa na Universidade de Lignan quando se noticiou a emergência de saúde mundial e, ao mesmo tempo que tratou de se cuidar, buscou de forma incansável refletir sobre a dinâmica econômica daquele período, seus principais impactos e desafios na realidade dos Estados nacionais.

Nos últimos três anos, Paulo se despediu de muitos amigos queridos, com os quais também partilhava a luta e o compromisso de uma vida acadêmica militante. Em outubro de 2022 foi a vez de despedir-se de François Chesnais, o que o deixou profundamente triste. Paulo o tinha como um grande companheiro, intelectual sério e militante durante mais de duas décadas.

Dois meses depois, em dezembro, se despediu da querida amiga Mara, que foi companheira do querido amigo Reinaldo Carcanholo. Outro grande baque para ele, que, ao se despedir de Mara, sentiu como se estivesse novamente se despedindo de Reinaldo, morto em 2013.

A despedida do amigo Wim Dierckxsens em meados de 2023, com quem dividira inúmeros trabalhos no Observatório da Crise, o deixou muito acabrunhado. Foi justamente no momento em que iniciaria a sua aposentadoria e, com ela, muitas reflexões e construções de outros planos e rotas. Antes mesmo de se aposentar ele começara a eleger destinos e organizar roteiros. Paulo, que tem um vigor invejável, entendeu que não deveria perder nenhum minuto ao desfrutar dessa nova fase e já fazia planos para ir ao Japão, Laos, Vietnã, Camboja e a muitos outros lugares.

O ano de 2023, portanto, marcou de forma bastante definitiva a vida dele, que teve a maior parte dos seus anos marcados pelo trabalho. Após mais de cinco décadas de dedicação incansável ao ensino, Paulo se aposenta. Por todo o exposto, sua trajetória é um exemplo notável de empenho e vigor. A aposentadoria parece ter sido mera formalidade, já que ele continua a dedicar-se aos grupos de pesquisa, à escrita e à produção de textos, além de ministrar cursos e palestras respondendo aos incontáveis convites que lhe chegam de todo o Brasil e também de fora do país. A aposentadoria possibilitou certa liberdade justamente para viajar. Fez então recentes viagens internacionais por Cuba, China, Malásia, Tailândia e Vietnã. Também percorreu o Brasil, em especial as regiões Norte e Nordeste, visitando Arapongas, Guaraci, Maringá, Natal, Pipa, João Pessoa, Lucena, Recife e Campina Grande e revendo antigos amigos.

Torna-se imprescindível sempre celebrar Paulo Nakatani e sua aptidão em manter sua mente em movimento, contribuindo para um constante avanço da crítica da economia política ou se aventurando em novos desafios, como quando expressa sua sensibilidade e habilidade de perceber o mundo pelas lentes da sua máquina fotográfica. Ele tem uma sensibilidade absurda para a música, a literatura e o cinema nacional e internacional. Ao longo da vida, acumulou uma imensidão de referências e materiais que trata de nos presentear em certas ocasiões.

Aliás, uma curiosidade interessante é essa relação do Paulo com a fotografia. Ao se mudar para Vitória e iniciar os trabalhos na Ufes, presenteou um professor do curso de comunicação social com todo o seu equipamento fotográfico. Quem deu continuidade e novos contornos à fotografia foi sua filha, Juliana Nakatani, nascida na França e criada entre Brasil e Alemanha. Juliana, que é graduada em Letras, iniciou a jornada da fotografia em 2009 e hoje é fotógrafa premiada, atuante na França. Paulo também é pai de outro jovem rapaz.

Nas últimas viagens ao Nordeste e ao norte do Paraná, encontrou pessoas, lembrou-se de coisas que fez e dos lugares por onde andou. Pensamos que isso funcionou como um balanço de vida. Paulo teve a oportunidade de voltar à casa onde viveu sua primeira infância, e onde iniciou os estudos em Ciências Econômicas.

"As viagens que fiz ao Nordeste e ao norte do Paraná foram muito boas. Encontrei pessoas, me lembrei de coisas que fiz e por onde andei. A rigor, nessas viagens, eu estou em parte fazendo um balanço da minha vida. O Reinaldo, pouco antes de morrer, me disse o seguinte: 'fizemos muita coisa e incomodamos muita gente'. Em parte, estou tentando rever isso tudo." (Paulo Nakatani)

O tempo é a minha matéria, o tempo presente,
os homens presentes, a vida presente.
Carlos Drummond de Andrade, "Mãos dadas" (1940)

CONTRIBUIÇÕES PARA A CRÍTICA DA ECONOMIA POLÍTICA: APORTES DE PAULO NAKATANI

Marcelo Dias Carcanholo

A vasta utilização da ideia – já em si uma vulgarização do conceito original de Gramsci (2001) – de intelectual orgânico termina por banalizar não só o seu sentido, mas também os momentos em que o conceito é inescapável. Resgatar, ainda que brevemente, as contribuições de Paulo Nakatani para o desenvolvimento da crítica da economia política fazem parte desses momentos.

Sem entrar nos debates a respeito da categoria e de sua banalização, este momento específico nos obriga a destacar que, ao contrário do narcisismo oportunista que hegemoniza o comportamento dos intelectuais não só na academia, mas em movimentos sociais, políticos e sindicais, se há uma concordância sobre a característica principal de Nakatani é sua deliberada vontade de nunca figurar como protagonista. Isso se conecta a sua incansável (e até invejável) capacidade (e qualidade) de trabalho, comprometida de início à transformação revolucionária da sociedade capitalista. Esse processo, até certo ponto de forma paradoxal, termina por, a despeito de sua vontade, contaminar, ensinar, transformar todas as pessoas que se beneficiam de sua atuação. Paulo Nakatani não quer aparecer, mas está sempre ali.

Se uma acepção possível de intelectual orgânico combina compromisso e engajamento políticos, permanente formação não dogmática de quadros, desenvolvimento rigoroso da arma teórica, aproximação e coordenação de distintas instâncias (acadêmica, política, social e sindical), podemos dizer, sem medo de errar, que Paulo Nakatani é o exemplo mais nítido de um intelectual orgânico.

Essa marca está presente desde que iniciou a docência, nos anos 1970, ainda no Sul do país, em um momento de brutal contraofensiva conservadora e ditatorial. De lá para cá, em vários momentos e conjunturas, a coerência dessa marca esteve presente. Nos anos 1980, a Associação Nacional dos Cursos de Graduação em Economia (Ange) teve Paulo Nakatani como um de seus fundadores e, por distintas vezes, diretores. Naquele momento, a tradição era de cursos centrados na teoria hegemônica (neoclássica), e mesmo ela era mal ensinada por meio de manuais sintéticos, sem nenhuma preocupação com os pressupostos teóricos, as filiações filosófico-teóricas, os debates externos e internos à teoria. Os princípios do pluralismo teórico e da interdisciplinaridade, centrados na qualidade do ensino, com base nos textos originais dos principais autores, nortearam a militância acadêmica do movimento que criou e desenvolveu a Ange. Que os tempos atuais apresentem um recrudescimento dessa hegemonia conservadora no pensamento (e ensino) econômico, isso só nos mostra a importância e a atualidade desse movimento.

Anos depois, especificamente em 1996, é fundada a Sociedade Brasileira de Economia Política (SEP), tendo também Paulo Nakatani como um de seus propulsores, chegando a ser seu presidente entre 2008 e 2012. Assim como a Ange buscava o confronto contra a hegemonia e o domínio neoclássicos no ensino de economia, a SEP o fazia no âmbito da pesquisa acadêmica (Nakatani, 2021).

A combinação sempre difícil entre o ensino acadêmico mais formal e a formação engajada de quadros para a transformação social podem ser muito bem ilustradas por dois momentos de sua vida. Sua chegada, ainda no final dos anos 1970, a Campina Grande, naquele momento o *Campus* II da Universidade Federal da Paraíba (UFPB), junto a outros professores que ali foram se engajando, constituiu uma das experiências mais importantes de programa crítico de pós-graduação no país. O mestrado em Economia da UFPB em Campina Grande nos anos 1980 é até hoje lembrado como um marco fundamental na formação de quem por lá passou. Ruy Mauro Marini, de seu exílio, em carta para um de seus ex-orientandos da Universidad Nacional Autónoma de México que naquele momento fazia parte do corpo de professores daquele programa, chegou a desejar: "espero que vocês possam construir muitas Campinas Grandes por aí!".

O outro momento vem desde o início dos anos 1990 até os dias atuais. A chegada de Paulo Nakatani à Universidade Federal do Espírito Santo (Ufes), em princípio para ajudar na construção de um programa de pós-graduação crítico, terminou, em função das contradições próprias desses processos e da contraofensiva ortodoxa no campo da Economia, por inseri-lo no programa de pós-graduação em Política Social dessa universidade. A importância dessa longa experiência na Ufes talvez seja mais bem sintetizada pela expressão cunhada pelo emérito professor Eleutério Fernando da Silva Prado, o primeiro a utilizar o termo que melhor representa o que Paulo Nakatani ajudou a construir na Ufes: a "Escola de Vitória".

Se há alguma acurácia nessa breve caracterização da trajetória desse intelectual orgânico, chegado o momento de sua aposentadoria formal da universidade pública brasileira, ao menos uma conclusão podemos tirar sem nenhum medo de errar. A aposentadoria de Paulo Nakatani é uma mera formalidade. Um intelectual orgânico de verdade sempre o será.

TEORIA DO VALOR E "MARX POR MARX": A IMPORTÂNCIA DO RIGOR TEÓRICO NO ENSINO E NA FORMAÇÃO DE QUADROS

Embora nem sempre o rigor seja característico de um intelectual orgânico, Nakatani o tem como condição inegociável de seu labor intelectual. Não apenas por uma questão de melhor construção da arma teórica, mas também por outras duas razões. Em primeiro lugar porque, se o objetivo é a formação de quadros para a construção do sujeito revolucionário coletivo, o rigor nessa formação não é uma opção, mas uma necessidade. Em segundo lugar, porque não basta ser rigoroso no desenvolvimento da referência teórica que embasa a perspectiva revolucionária; é insuficiente conhecer a fundo, no detalhe, os teóricos e as teóricas que embasam o pensamento revolucionário. É preciso ser tão rigoroso (ou até mais) no entendimento do pensamento inimigo, e talvez até ainda mais com o pensamento mais próximo, que pode ser aliado em alguns momentos táticos/estratégicos, mas nem sempre está de acordo com o objetivo último, a transformação revolucionária. Nakatani sempre levou a sério o subtítulo de *O capital*, de Marx: a "crítica da economia política".

Nessa obra, Marx não apenas critica a teoria econômica (economia política) de sua época. Ademais, ele quer entender a base real concreta que fez com que essa ciência interpretasse, teoricamente, o capitalismo, e isso só seria possível porque este último, de algumas formas, assim tinha se apresentado para os economistas (políticos). Ou seja, estes tinham percebido (mais, ou menos, bem ou mal) formas de manifestação dessa época social e histórica específica. Como o objetivo de Marx era entender como funciona o capitalismo (para transformá-lo de forma revolucionária), e suas formas de manifestação fazem parte de seu ser, era preciso entender a base real concreta em que se assentavam aquelas teorias. Isso lhe permitiu, adicionalmente, criticar a forma (economicista) como os economistas entendiam o capitalismo. Novamente, porque de alguma forma as relações sociais no capitalismo apresentam uma determinação econômica (mediada economicamente, via compra e venda das mercadorias pelos seus valores).

Paulo Nakatani sempre procurou preservar esse sentido (totalidade) da crítica da economia política, originalmente proposto por Marx e, dado seu engajamento, contribuir para a crítica da economia política, em seu sentido integral, até os dias atuais.

Isso explica porque Nakatani, ao entender e ensinar a teoria do valor (capital) de Marx, sempre se ateve ao que de fato estava sendo lá proposto. Isso não significa que distintas interpretações desse autor não sejam possíveis. São. E devem (como obrigação) ser apresentadas, com o rigor necessário, como condição *sine qua non* do desenvolvimento e aprimoramento da arma teórica. Mais importante do que isso é desmistificar as interpretações não possíveis a partir de Marx que, em última instância, terminam por transformá-lo em mais um economista (heterodoxo). Nós, marxistas (economistas ou não), até podemos estar de acordo com economistas heterodoxos na crítica à economia neoclássica dominante. Fazemos isso em vários ambientes (na Ange e na SEP, por exemplo). Mas continuamos sendo críticos da economia política heterodoxa inclusiva. Marx(istas) não é (podem ser) uma variação do ricardianismo, keynesianismo ou reformismo. Que isso contamine muitas interpretações marxistas só nos ajuda a entender por que Marx mesmo, ao final da vida, disse: "tudo o que sei é que não sou marxista" (Musto, 2018, p. 129).

As contribuições de Paulo Nakatani no desenvolvimento da crítica da economia política levam a sério o entendimento da lei (teoria) do valor proposta por Marx. Enquanto as determinações mais abstratas do que é o capital, mediado pela categoria dinheiro, estão no valor, a teoria do valor em Marx não é uma mera teoria de determinação de preços (absolutos ou relativos); o dinheiro é um desdobramento dialético sucessivo ao longo das formas do valor, dentro de um argumento lógico-teórico, e não por uma exposição de sucessão histórica dessas formas; a diferença entre a circulação simples de mercadorias – e não "produção mercantil simples", como em Engels (1988) – e a circulação capitalista de mercadorias – e não "produção mercantil capitalista", como em Engels (1988) – é um primeiro momento de determinação (mais concreta) de formas de inserção social (classes sociais) distintas na mesma época histórica (capitalista), e não a sucessão de dois períodos históricos distintos, a época mercantil simples e a (posterior) época mercantil capitalista. Essas e outras questões desdobradas sempre balizaram a atitude de Paulo Nakatani, no ensino, pesquisa e produção acadêmica no que é fundamental: a teoria do valor como base e a teoria de Marx por Marx, sem mediações (pretensamente) facilitadoras, mesmo aquelas com certo *pedigree*, como o de Engels.

CRISE, ESTADO, DINHEIRO E CAPITAL FICTÍCIO: AVANÇOS TEÓRICOS E CATEGORIAIS

Esse compromisso intransigente ajuda a entender os avanços teóricos e categoriais de Nakatani para a arma teórica da crítica da economia política. Qualquer pessoa que, seriamente, trate de resgatar as contribuições brasileiras para tanto, concorde ou não com o autor, tem a obrigação de considerá-lo.

A economia mundial capitalista, recorrentemente, e de forma particular nos dias atuais, atravessa profundas crises. Elas não são casuais, exógenas ao funcionamento da acumulação de capital nem tampouco passíveis de serem solucionadas pela correta instrumentalização das políticas econômicas, quaisquer que sejam suas colorações teóricas (ortodoxa ou heterodoxa). O capitalismo entra regular e ciclicamente em crises por causa de seu funcionamento interno contraditório. Os processos de crescimento da acumulação trazem consigo o desenvolvimento das contradições próprias, internas ao funcionamento do capital. As crises são, assim, necessárias e, ao mesmo tempo, representam tanto a irrupção das contradições quanto o restabelecimento da unidade (o movimento continuado do capital) que elas formam. Esse correto entendimento das crises, a partir de Marx, como um desdobramento dialético das contradições internas ao capital é marcado em várias obras de Nakatani, como Nakatani e Herrera (2008), Nakatani e Marques (2020) Nakatani e Gomes (2019 e 2015).

Como desdobramento do tratamento crítico sobre o funcionamento (cíclico) do processo de acumulação de capital, entende-se melhor a crítica da economia política das crises, ou seja, a crônica incapacidade que a teoria econômica (ortodoxa e heterodoxa) tem de entender a natureza das crises no capitalismo. Esse cotejamento pode ser visto em Nakatani e Herrera (2009 e 2012). A economia política (teoria econômica), independentemente de ser ortodoxa ou heterodoxa, ou trata as crises como totalmente exógenas ao funcionamento do capitalismo, ou então, ainda que perceba alguma ineficiência própria ao funcionamento interno dos mercados (capitalistas), em última instância, atribui um papel saneador às políticas econômicas. Aquela economia política que mais se aproxima das determinações estruturais das crises se restringe a pensar (criticamente) uma forma específica de regulamentar (reformar) o funcionamento dos mercados, mas em nenhum momento se coloca a pergunta que importa: por que considerar o capitalismo como eterno, natural? A historicidade *no* capitalismo, isto é, os distintos momentos históricos dentro do capitalismo (liberal, desregulado, do *Welfare State* etc.) até são comparados pela economia política mais crítica. Em nenhum momento se pergunta sobre a historicidade *do* capitalismo (Nakatani *et al.*, 2018).

Especificamente no que se refere à crise atual por que passa o capitalismo contemporâneo, talvez tenhamos a principal contribuição de Paulo Nakatani e da chamada Escola de Vitória para o marxismo mundial. É muito comum entender a atual crise por conta de uma financeirização crescente da economia, iniciada nas últimas décadas do século passado, mas potencializada na virada para este século. Essa tal financeirização seria a responsável pelas baixas taxas médias de crescimento da economia mundial, uma vez que, com taxas de juros superiores à taxa de lucro do capital industrial, a acumulação seria dominada pela valorização financeira em detrimento do lado real e produtivo da economia. Além disso, o caráter especulativo dos capitais financeiros (nos mercados financeiros) teria elevado a fragilidade financeira, em uma linguagem minskyana, e levado à crise dos mercados financeiros internacionais a partir de 2007/2008. A crise atual do capitalismo contemporâneo seria fruto dos processos de desregulamentação e liberalização financeira junto aos comportamentos (moralmente) reprováveis dos agentes econômicos nesses mercados, isto é, da especulação própria nos mercados financeiros. Além de trasladar a origem da crise para meros comportamentos individuais (antiéticos) de indivíduos (bancos específicos), a mensagem implícita aqui é que, com a devida e correta regulamentação dos mercados (financeiros) – o que não exclui a possibilidade (e desejo, para muitos) de encarcerar alguns daqueles indivíduos – e uma política econômica correta que não mantenha as taxas de juros acima das taxas de lucro do capital produtivo, a crise não teria ocorrido. Um reformismo (benfeito) daria conta.

A partir da tradição iniciada por Marx, a Escola de Vitória propõe um tratamento rigoroso do capitalismo contemporâneo, uma crítica da economia política da financeirização. Além de identificar a base real concreta do capitalismo em nossos tempos, que permite de si mesmo esse tipo de interpretação, mistificada, mas a partir da própria aparência da realidade que permite essa compreensão mistificada, tratar-se-ia de um resgate crítico, dentro do marxismo mesmo, sobre o mal chamado capital financeiro, desde Hilferding até seus diversos intérpretes.

Mais importante ainda, trata-se de resgatar a proposta original de Marx de entender o capital fictício (categoria central para compreender o capitalismo contemporâneo e sua dialética) como um desdobramento dialético do processo de autonomização (substantivação) das formas do capital, saindo do capital de comércio de dinheiro, passando pelo capital a juros (mediados pelo capital bancário que, em Marx, é uma categoria, não passível de ser confundida com as instituições bancárias), culminando no capital fictício. Este último não é o capital financeiro como normalmente (e de forma equivocada) entendido pela economia política. Não se trata de capitais particulares, com comportamentos particulares (especulativos) em um mercado particular (financeiro). O capital fictício é uma forma específica de constituir capital, é uma forma específica de valorização do capital, esteja ele onde (em que mercado) estiver. O que caracteriza o capitalismo contemporâneo não é a supremacia ou a dominância dos capitais no setor financeiro, frente ao produtivo, mas a lógica de valorização do capital, em todos os setores!

Algumas contribuições nesse sentido podem ser identificadas no marxismo mundial, mas certamente a Escola de Vitória foi quem mais avançou no assunto. Tanto é assim que, além dos debates mundiais sobre o papel do capital fictício no capitalismo contemporâneo, Escola apresentou, pioneiramente, a forma específica de apropriação de parte da mais-valia produzida (os lucros fictícios) bem como a proposta de uma tipologia, algo que nem nos rascunhos de Marx se encontra. A lista de referências aqui seria interminável, mas deve-se ressaltar as que estão a seguir, para mostrar a abrangência das publicações nesse sentido e, como algumas delas são publicações dos mesmos textos em outros espaços, o alcance que esses aportes têm na área (Nakatani e Sabadini, 2020; Nakatani e Piqueras, 2020, Nakatani e Carcanholo, 1999, 2000, 2001, 2007, 2015a, 2015b e 2019; Nakatani *et al.*, 2019; Nakatani e Mello, 2021).

Paulo Nakatani não só está presente nessas publicações como foi um dos que mais avançaram nos alicerces que permitiram o desenvolvimento teórico da Escola de Vitória, considerando-se o rigor e a militância no ensino da teoria do valor de Marx por Marx e os aportes originais e pioneiros em pontos específicos sobre a teoria do dinheiro em Marx (Nakatani e Mello, 2018; Nakatani e Gomes, 2011) e na teoria do Estado, tanto em Marx como em distintas vertentes do marxismo (Nakatani *et al.*, 2002; Nakatani, 1987 e Nakatani, 2012).

BRASIL, CUBA, CHINA E O SOCIALISMO: A CRÍTICA DA ECONOMIA POLÍTICA E AS INTERVENÇÕES NA CONJUNTURA

Não bastasse tudo o que já foi relatado (e que não perfaz nem uma parte de toda a contribuição de Paulo Nakatani), seus aportes para a crítica da economia política ainda incluem importantes trabalhos de intervenção (teórica, prática e política) nas distintas conjunturas e em distintos lugares (espaços) da economia mundial capitalista.

Mantendo a coerência de intelectual orgânico anticapitalista, os avanços que propôs em sua trajetória para a avaliação (sempre) crítica dos processos de transformação socialista ou anticapitalista, como em Cuba, China e, em certa maneira, Venezuela, são exemplos nítidos (Nakatani e Herrera, 2002 e 2011; Nakatani e Carcanholo 2006). A crítica da economia política, no sentido de Marx, também caracteriza seus trabalhos sobre a realidade social e a conjuntura brasileiras, como em Nakatani e Oliveira (2007).

Por isso, temos plena confiança de que Paulo Nakatani, com sua mais do que merecida aposentadoria, cumpriu apenas uma formalidade. Para além dela, sabemos que, com seus aportes à crítica da economia política e suas intervenções na conjuntura, ele só está passando para uma nova fase.

REFERÊNCIAS

ENGELS, Friedrich. Suplemento ao livro terceiro de *O capital* – a lei do valor e taxa de lucro. *In*: MARX, Karl. *O capital*: crítica da economia política. l. 3, v. 5. São Paulo: Nova Cultural, 1988.

GRAMSCI, Antonio. *Cadernos do cárcere*. Rio de Janeiro: Civilização Brasileira, 2001. 2 v.

MARX, Karl. *O capital:* crítica da economia política. l. 3, v. 5. São Paulo: Nova Cultural, 1988.

MUSTO, Marcello. *O velho Marx:* uma biografia de seus últimos anos (1881-1883). São Paulo: Boitempo, 2018.

NAKATANI, Paulo. "A formação dos economistas e a economia política no Brasil". *Revista da Sociedade Brasileira de Economia Política*, v. 59, edição especial, mai.-jun. 2021.

NAKATANI, Paulo. "Estado e acumulação de capital". *Análise Econômica (UFRGS)*, Porto Alegre, v. 5, n. 8, 1987.

NAKATANI, Paulo. O papel e o significado da dívida pública. *In:* VARELA, Raquel (org.). *Quem paga o Estado social em Portugal?* Lisboa: Bertrand, 2012.

NAKATANI, Paulo; CARCANHOLO, Marcelo Dias. "Cuba: socialismo de mercado ou planificação socialista?". *Revista de Políticas Públicas*, v. 10, 2006.

NAKATANI, Paulo; CARCANHOLO, Reinaldo Antonio. Capitalismo especulativo e alternativas para América Latina. *In:* GOMES, Helder (org.). *Especulação e lucros fictícios:* formas parasitárias da acumulação contemporânea. São Paulo: Outras Expressões, 2015b.

NAKATANI, Paulo; CARCANHOLO, Reinaldo Antonio. Capital especulativo parasitario *versus* capital financiero. *In:* GUERRERO, Diego; ARRIOLA, Joaquin (org.). *La nueva economia política de la globalización.* Bilbao, Espanha: Servicio Editorial Universidad del País Vasco, 2000.

NAKATANI, Paulo; CARCANHOLO, Reinaldo Antonio. "Capital especulativo parasitario *versus* capital financiero". *Problemas del Desarrollo,* Cidade do México, v. 32, n. 124, 2001.

NAKATANI, Paulo; CARCANHOLO, Reinaldo Antonio. "Capitalismo especulativo y alternativas para América Latina". *Herramienta*, Buenos Aires, v. 35, 2007.

NAKATANI, Paulo; CARCANHOLO, Reinaldo Antonio. "O capital especulativo parasitário: uma precisão teórica sobre o capital financeiro, característico da globalização". *Ensaios FEE*, Porto Alegre, v. 20, n. 1, 1999.

NAKATANI, Paulo; CARCANHOLO, Reinaldo Antonio. O capital especulativo parasitário: uma precisão teórica sobre o capital financeiro, característico da globalização. *In:* GOMES, Helder (org.). *Especulação e lucros fictícios:* formas parasitárias da acumulação contemporânea. São Paulo: Outras Expressões, 2015a.

NAKATANI, Paulo; CARCANHOLO, Reinaldo Antonio. Parasitic Speculative Capital: A Theoretical Precision on Financial Capital, Characteristic of Globalization. *In:* MELLO, Gustavo Moura de Cavalcanti; SABADINI, Mauricio de Souza (org.). *Financial Speculation and Fictitious Profits:* A Marxist Analysis. New York: Palgrave Macmillan, 2019.

NAKATANI, Paulo; DIERCKXSENS, Wim; PIQUERAS, Andrés; HERRERA, Rémy; FORMENTO, Walter. *O capital frente ao seu declínio.* São Paulo: Expressão Popular, 2018.

NAKATANI, Paulo; GOMES, Helder. The Nature and the Contradictions of the Capitalist Crisis. *In:* MELLO, Gustavo Moura de Cavalcanti; SABADINI, Mauricio de

Souza. (org.). *Financial Speculation and Fictitious Profits:* A Marxist Analysis. New York: Palgrave Macmillan, 2019.

NAKATANI, Paulo; GOMES, Helder. A natureza e as contradições da crise capitalista. *In:* GOMES, Helder (org.). *Especulação e lucros fictícios:* formas parasitárias da acumulação contemporânea. São Paulo: Outras Expressões, 2015.

NAKATANI, Paulo; GOMES, Helder. O dinheiro: natureza e funções. *In:* CARCANHOLO, Reinaldo (org.). *Capital:* essência e aparência. v. I. São Paulo: Expressão Popular, 2011.

NAKATANI, Paulo; HERRERA, Rémy. "Critique des politiques anticrise orthodoxes". *La Pensée*, Paris, v. 360, 2009.

NAKATANI, Paulo; HERRERA, Rémy. "Financial Crisis and Class Struggle". *Political Affairs*, v. 87, 2008.

NAKATANI, Paulo; HERRERA, Rémy. "La dollarisation cubaine. Éléments de réflexion pour une dé-dollarisation". *Tiers Monde*, Paris, v. XLIII, n. 171, 2002.

NAKATANI, Paulo; HERRERA, Rémy. "Le Venezuela de la révolution bolivarienne. Changements structurels, planification et transition". *Economies et Sociétés*, Paris, v. 45, 2011.

NAKATANI, Paulo; HERRERA, Rémy. "Notes sur Marx et Keynes a propos de la crise". *Critique Économique*, v. 13, 2012.

NAKATANI, Paulo; MARQUES, Rosa Maria. *Capitalismo em crise.* São Paulo: Expressão Popular, 2020.

NAKATANI, Paulo; MELLO, Gustavo Moura de Cavalcanti. "Criptomoedas: do fetichismo do ouro ao hayekgold". *Crítica Marxista,* São Paulo, v. 47, 2018.

NAKATANI, Paulo; MELLO, Gustavo Moura de Cavalcanti. *Introdução à crítica da financeirização.* São Paulo: Expressão Popular, 2021.

NAKATANI, Paulo; MORANDI, Angela; MENDONÇA, Luiz Jorge Vasconcellos Pessoa. "L'État et la monnaie nationale en Amérique Latine. Les tendances à la dollarisation". *Tiers Monde*, Paris, v. XLIII, n. 171, 2002.

NAKATANI, Paulo; OLIVEIRA, Fabricio A de. "The Brazilian economy under Lula: A balance of contradictions". *Monthly Review*, New York, 2007.

NAKATANI, Paulo; PIQUERAS, Andrés. "Exacerbación de la autonomización del capital a interés (eso que llaman financiarización): el paroxismo de la irrealidad de la economía capitalista". *Actuel Marx Intervenciones*, v. 28, 2020.

NAKATANI, Paulo; SABADINI, Mauricio. "A respeito das taxas de lucro e juros em Marx". *Análise Econômica (UFRGS) Online*, v. 38, 2020.

NAKATANI, Paulo; TEIXEIRA, Adriano Lopes Almeida; GOMES, Helder. Financialization and the Contradictory Unity Between the Real and Financial Dimensions of Capital Accumulation. *In:* MELLO, Gustavo Moura de Cavalcanti; SABADINI, Mauricio de Souza (org.). *Financial Speculation and Fictitious Profits:* A Marxist Analysis. New York: Palgrave Macmillan, 2019.

A CRÍTICA DA ECONOMIA POLÍTICA DO DINHEIRO E DO SISTEMA DE CRÉDITO NA OBRA DE PAULO NAKATANI

Henrique Pereira Braga
Gustavo M. de C. Mello

INTRODUÇÃO

Na condição de pesquisador e teórico, Paulo Nakatani é sempre desafiado a mobilizar e atualizar o arcabouço conceitual da crítica da economia política à luz de questões econômicas e sociais contemporâneas, engajando-se em debates intelectuais candentes. Esse traço, que lhe é característico, salta à vista em seus estudos críticos do dinheiro e do sistema de crédito, que o conduzem ao âmago do hodierno processo de reprodução do capital.

Como se pode ver na bibliografia selecionada ao final do texto, sua produção nesse campo é vasta e variegada, e aqui optamos por considerar brevemente três de suas expressões. Na primeira sessão tratamos das reflexões de Nakatani sobre os regimes cambiais após o colapso de Bretton Woods, em articulação com as políticas de estabilização monetária, que se apresentavam com particular gravidade na periferia do sistema capitalista na esteira das crises das dívidas da década de 1980. Na sessão seguinte, indicamos algumas proposições do autor acerca da natureza e das funções da dívida pública, uma modalidade de capital fictício que possui um papel precípuo no processo comumente designado *financeirização* do capitalismo, e que possui relevantes consequências para a reconfiguração do Estado na contemporaneidade. Por fim, nossa atenção se volta para as análises de Nakatani acerca das criptomoedas privadas e também das moedas digitais estatais, que exigem revisitar a crítica marxiana sobre as determinações, as funções e o fetichismo do dinheiro e do capital.

Não se trata, com isso, de esgotar os pontos desenvolvidos pelo autor, mas de propor um convite à leitura das suas intervenções, haja vista sua riqueza para o debate sobre o dinheiro e o sistema de crédito a partir de uma condição periférica.

O ESTUDO DOS REGIMES CAMBIAIS

No começo dos anos de 1980, as economias latino-americanas foram abaladas pelo choque de juros promovido pelo Banco Central estadunidense, haja vista que o custo das suas dívidas em dólar disparou, enquanto suas economias haviam desenvolvido, em maior ou menor grau, um mercado interno exigente de importações complexas – seja para consumo, seja para a continuidade do processo conhecido como "substituição de importações" – que pressionavam a demanda por divisas. Na impossibilidade de rolarem suas dívidas e, sobretudo, sendo cobrados pelo pagamento de seus juros e do seu principal, esses países se viram com severa restrição externa, conduzindo à desorganização da sua produção e, assim, à aceleração dos preços internos. O resultado foi que, durante a década de 1980, os países latino-americanos viveram uma estagnação econômica e uma espiral inflacionária.

Diante desse quadro, os anos de 1990 marcam a busca pela solução do problema inflacionário, de forma que a discussão sobre regimes cambiais ganhou certa importância. *Grosso modo*, há dois regimes cambiais: o regime de taxa de câmbio fixa e o regime de taxas de câmbio flutuantes. No caso deste último, não haveria intervenção no mercado de câmbio e, por conseguinte, as taxas de câmbio flutuariam com vistas a equilibrarem o balanço de pagamento e a economia no longo prazo. Contudo, cabe observar que esse regime conduz, em países periféricos, a elevada volatilidade da taxa de câmbio, forçando a intervenção nesse mercado e a manutenção de elevadas taxas de juros, de modo que o equilíbrio de longo prazo não passaria de uma miragem. O regime de taxa de câmbio fixa estabelece o preço relativo entre as moedas, sendo que esse deve ser assegurado pelas reservas cambiais do país. Porém, em países periféricos, esse tipo de regime exige um elevado nível de reservas cambiais, para fazer frente aos ataques especulativos contra a moeda nacional.

Num contexto de inflação galopante nos países latino-americanos, a reorganização dos seus sistemas de preços precisou considerar essas questões. A título de exemplo e sem entrar nos seus méritos, a Argentina e o Brasil adotaram um regime de câmbio fixo, sendo que no primeiro país havia uma "caixa de conversão", enquanto no segundo havia bandas cambiais. Em ambos os países, a titularização de suas dívidas públicas, a privatização de suas empresas estatais e a redução das políticas públicas universais foram pré-requisitos para a sustentação desses regimes. Entretanto, eles não resistiram à crise financeira dos países emergentes – iniciada com os ataques especulativos no Leste Asiático, ocorrida no final dos anos 1990 –, legando a essas sociedades uma massa de promessas de pagamento, empresas privatizadas remetendo lucros ao exterior e não remediadas mazelas sociais.

Além dessas duas opções de política cambial, havia outra: a dolarização das economias. Em linha gerais, a proposta pode ser resumida no abandono da moeda nacional, adotando o dólar como moeda para a circulação de mercadorias, para o pagamento de impostos, como referência dos contratos etc. O principal argumento em favor da dolarização era o de que ela estabilizaria os preços internos e o balanço de pagamentos e facilitaria o ingresso de capitais. Contudo, as experiências na América Latina (Equador, Guatemala e El Salvador) mostraram o contrário disso.

Foi considerando a experiência latino-americana que Paulo Nakatani abordou o problema da dolarização na economia cubana, em parceria com o economista francês Rémy Herrera. Como parte do bloco soviético, Cuba passou por uma severa restrição externa quando da dissolução desse bloco, agravada pela manutenção do bloqueio econômico pelos EUA, sofrendo uma forte escassez de bens – haja vista que, na ausência de um mercado de câmbio e com a regulação do mercado de bens, não há como essa restrição extravasar para os preços. Assim, embora Cuba não estivesse na mesma esfera de influência que as demais economias da América Latina, os problemas enfrentados nos anos 1990 a colocavam diante de dilemas semelhantes em termos de política econômica. Em particular, como resolver o problema da restrição externa que, se não revertia em inflação, colocava em risco o legado da Revolução de 1959.

Nesse contexto, os autores observam o debate que visa propor reformas monetárias e, na maioria dos casos, de abertura econômica, contando com o colapso da economia cubana. Na contramão dessa previsão, as autoridades cubanas adotaram um conjunto de reformas que preservou a centralidade do Estado no processo econômico. Dentre as reformas adotadas, cabe destacar a criação de uma forma de atrair dólares para a sua economia. Nesse sentido, foi desenvolvido um sistema de duas moedas, no qual há o peso conversível

51

(CUC) e o peso cubano, que permitiria mobilizar parte da população para trabalhar no setor de turismo, de forma que, *grosso modo*, haveria um deslocamento do centro dinâmico da economia cubana do açúcar para o turismo.

Como observam os autores, no começo dos anos 2000, essa dolarização parcial da economia cubana poderia ser avaliada como bem-sucedida por manter o principal legado da Revolução de 1959 – a saber, o acesso universal a saúde, educação, alimentação e moradia. O que é um resultado expressivo, tendo em vista que os países latino-americanos reduziram suas políticas sociais universais, a partir dos anos 1990, adotando como principal política social a transferência de renda, com foco na população miserável – ou seja, alguma garantia de alimentação, todavia, sem qualquer garantia de saúde, educação e habitação.

Entretanto, esse mesmo "sucesso" coloca o legado da Revolução de 1959 em questão. Pois não se pode deixar de observar o aumento da desigualdade em função do acesso aos bens importados, que os trabalhadores do setor de turismo obtêm porque recebem em CUC. Nesse sentido, a parcial dolarização da economia cubana deveria ser revertida, por meio de uma moeda nacional que reforçasse o processo de planificação e evitasse a elevação da desigualdade. Importante notar que, para o nosso autor, esse debate não apenas diz respeito às adversidades das economias latino-americanas, como permite apontar para alternativas à política econômica neoliberal. Além disso, esse debate abre as portas para uma das principais contribuições de Paulo Nakatani: a demonstração do lugar de destaque da dívida pública na acumulação de capital contemporânea.

O ESTUDO DA DÍVIDA PÚBLICA

Os anos 2000 sedimentaram uma inflexão no processo de acumulação de capital iniciado nos anos 1970, no qual ocorreu uma expansão sem precedentes da esfera financeira combinada com uma mudança na esfera produtiva que, para além do comércio, integrou a produção em escala mundial, constituindo cadeias produtivas globais. Em linhas bastante gerais, essa mudança foi proporcionada, em certa medida, pela combinação das políticas macroeconômicas de flexibilização do fluxo de capitais e pelo desenvolvimento das tecnologias de comunicação e transporte, animadas pelos próprios limites à vertiginosa expansão do capital, iniciada após a Segunda Grande Guerra, com a qual se depararam seus representantes em meados dos anos 1960. Diante desse quadro, nosso autor se dedicou ao estudo das formas fictícias do capital, com especial atenção para o impacto da dívida pública.

De forma bastante simplificada, podemos dizer que Nakatani compreende o capital fictício como um desdobramento da forma do capital portador de juros. Em síntese, o processo de reprodução do capital ocorre por meio da sua mudança formal – a saber, da forma dinheiro para a forma mercadoria – isto é, força de trabalho e meios de produção – que, ao adentrarem o processo produtivo, geram um conjunto de mercadorias que, sendo vendidas, retornam a forma dinheiro, acrescidas de um "excedente" – a mais-valia. À medida que a acumulação de capital se desenvolve, essas passagens não são realizadas por um mesmo capitalista, mas por capitalistas distintos, chegando ao extremo de serem comandados por gestores remunerados, de forma que os capitalistas possuem somente o controle acionário desse processo. Como esse circuito do capital exige que diversos capitalistas particulares disponham de dinheiro, eles devem contabilizar seus recebimentos e pagamentos, equacionar seus prazos, manejar a transferência dos recursos etc., abrindo a possibilidade do comércio de dinheiro entre eles. Isso é realizado por meio de um capitalista em particular – o banqueiro. O resultado disso será a redução, por parte dos capitalistas, da necessidade de manterem capital na forma (capital-)dinheiro, liberando-o para ser empregado de forma a gerar valor. Nesse particular, o banco pode intermediar o empréstimo desses capitais ou, como é o caso, emprestar com base nesses capitais, criando dinheiro por meio do crédito.

Para essa operação bancária ter sucesso, o dinheiro emprestado deve retornar com um acréscimo (os juros), de forma que o dinheiro não se configura somente como um ponto de passagem do circuito do capital, mas também como uma forma do capital: o capital portador de juros. Sem entrarmos em detalhes, nessa forma está contida uma ampliação do capital que parece depender somente da passagem do tempo, mas que, do ponto de vista do circuito como um todo, depende da expansão da produção de valor.

Quando esses empréstimos são transformados em títulos de dívida e são negociados com terceiros, é constituído o capital fictício, haja vista que a valorização desses títulos ganha movimentos próprios nos mercados em que eles são negociados, não guardando relação direta com a reprodução do capital. A dívida pública constitui um exemplo dessa forma de capital. Se lembrarmos da discussão da seção anterior, a crise da dívida dos países latino-americanos

Henrique Pereira Braga e Gustavo M. de C. Mello

teve origem na incapacidade de honrarem os empréstimos acordados nos anos 1970. A resolução desse impasse deu-se pela transformação das dívidas em títulos negociáveis em moeda nacional, de forma que esses títulos prometem certa taxa anual de juros, possuem um determinado prazo para serem resgatados e podem ser negociados em mercado secundário.

Com isso, aqueles empréstimos que antes estavam relacionados a empreendimentos privados e públicos tornaram-se títulos públicos sem qualquer vínculo com esses empreendimentos. Nesse sentido, como notou o nosso autor, a política macroeconômica passou a se preocupar com a produção de "superavits primários" – a saber, saldo positivo entre as receitas e as despesas correntes (exceto juros) do Estado – com vistas a assegurar, no jargão dos economistas, a estabilidade da relação entre a dívida pública e o produto interno bruto (PIB). O que significa assegurar a transferência de parte crescente da renda capturada pelo Estado para os detentores desses títulos. No caso brasileiro, para citarmos um exemplo ilustrativo, os empréstimos tomados pelas empresas privadas e públicas nos anos 1970 (que objetivavam dar continuidade à expansão industrial que, supostamente, completaria o parque produtivo interno, dirigido por empresas transnacionais subsidiadas pela infraestrutura estatal) deram lugar aos títulos de dívida pública, que, para assegurarem suas remunerações, exigiram políticas fiscais, monetárias e cambiais que resultaram na ampliação do Estado para o capital, sobretudo com a transferência de recursos e propriedade, acompanhada pela sua redução para os trabalhadores, seja pela redução dos gastos públicos, seja pela redução dos direitos trabalhistas. A resultante destas medidas foi o conhecido processo de desindustrialização e expansão do setor agropecuário e extrativo mineral, com as consequências econômicas, políticas e ambientais nefastas a que assistimos hoje.

Mais recentemente, uma das formas do capital fictício a que nosso autor se dedicou a estudar foram as chamadas criptomoedas e, em decorrência desse debate, o estudo das moedas digitais estatais, objeto da próxima e última sessão do texto.

O ESTUDO DAS CRIPTOMOEDAS E DAS MOEDAS DIGITAIS ESTATAIS

Como se sabe, a primeira criptomoeda, a Bitcoin, foi lançada em 2009, com base nas proposições de um texto publicado no ano anterior sob o pseudônimo de Satoshi Nakamoto. A proposta tecnicamente inovadora, cujos detalhes não convém retomar aqui,[1] objetivava concretizar um velho desiderato: a criação de uma moeda e de um sistema de pagamentos de modo descentralizado, dispensando a mediação de uma autoridade monetária ou de qualquer instância estatal, algo similar ao que propusera Friedrich von Hayek em seu livro *A desestatização do dinheiro*, cuja primeira edição data de 1976.

Depois de anos em um nível negligenciável, na segunda metade de 2016 o preço da Bitcoin, em dólares, sofreu uma brutal elevação, chamando atenção não apenas dos especuladores, mas também da grande mídia e da comunidade acadêmica. Foi nesse momento que Paulo Nakatani passou a se debruçar sobre o tema, buscando apreender a natureza social das criptomoedas, bem como responder às questões em voga, sobre o potencial das criptomoedas de substituírem não apenas as moedas domésticas, mas mesmo o dólar como dinheiro mundial.

Para tanto, o ponto de partida adotado foi a retomada das análises de Marx sobre o dinheiro e o dinheiro de crédito, detalhando suas principais determinações. Por meio desse esforço, ainda que se reconhecesse a possibilidade de as criptomoedas assumirem certas funções de dinheiro, demonstraram-se os motivos pelos quais, até então, elas falharam miseravelmente em efetivá-las. Particularmente importantes são as limitações decorrentes da vertiginosa variação de seus preços, que compromete sobretudo o desempenho da função de medida de valor e, evidentemente, a de meio de entesouramento, bem como sua ancoragem a moedas representativas, notadamente ao dólar estadunidense, o que põe em xeque seu papel autônomo como padrão de preços.

Porém, ainda mais importante, parece-nos, foram a constatação e a análise crítica do papel das criptomoedas na reposição cínica do fetichismo do dinheiro. Em casos extremos, como a HayekGold, atrelada ao ouro, mas também a Bitcoin e inúmeras criptomoedas cujo registro depende da realização da *proof-of-work*, exigindo monumentais e crescentes capacidades computacionais de processamento e recursos energéticos, é evocado o processo de extração de metais preciosos, e não por acaso se designa essa atividade de "mineração". Porém, evidentemente, trata-se de um mero si-

---

[1] Trata-se de articulação da tecnologia conhecida como *blockchain* a um sistema de registro descentralizado, baseado em uma rede *peer-to-peer*, conectada por meio de um *software* de código-aberto, e em mecanismos de verificação criptográfica (a *proof-of-work*).

mulacro, que repõe o culto à "relíquia bárbara" por meio de sofisticados algoritmos, com elevados custos operacionais e acarretando grandes danos ambientais.

A despeito da euforia ultraliberal que se ergueu em torno das criptomoedas, ironicamente parte de sua tecnologia e de sua arquitetura logo chamou a atenção dos Estados nacionais, em particular a *blockchain* – ou, em sentido mais geral, as *distributed ledger technologies* (DLT) - e alguns mecanismos de criptografia, que envidaram esforços para apropriá-la no sentido de robustecer sua ascendência sobre os sistemas domésticos de pagamentos e de crédito, entre outros. Sob o estímulo das ameaças de criação de criptomoedas por parte das *big techs*, que supostamente almejariam assumir a função de dinheiro mundial, diversos bancos centrais, como é o caso do próprio Banco Central do Brasil, lançaram-se aos esforços de criação de moedas estatais digitais, as *Central Bank Digital Currencies* (CBDC). Um caso emblemático é o chinês, que assumiu a dianteira nesse processo, iniciado em 2014, e que realizou seus primeiros testes com o E-Renminbi (E-RMB) em 2020.

Numa palavra, o Banco Central da China é responsável pela emissão primária do E-RMB, que controla as operações, validando-as ou confirmando-as por meio de uma plataforma baseada nas DLTs. O primeiro elo na cadeia que liga a emissão ao público são as quatro gigantes instituições bancárias controladas pelo Estado, a saber, o Banco Industrial e Comercial da China, o Banco Agrícola da China, o Banco da China e o Banco de Construção da China. A eles se atrelam o conjunto do sistema bancário, que franqueia aos seus clientes trocarem o remimbi tradicional pela moeda digital. As operações entre os bancos comerciais e seus clientes tendem a ser mediadas por tecnologias de *blockchain* e por aplicativos que funcionam *offline* em *smartphones* e que permitem que as operações de pagamento e de empréstimos sejam feitas em tempo real. No segundo elo da cadeia estão grandes corporações financeiras e comerciais, como é o caso de Alibaba, Tencent e Baidu, que já operam sistemas de pagamentos digitais empregados por mais de um bilhão de pessoas.

Porém, as pretensões chinesas não param por aí. Entre outras coisas, ambiciona-se ainda, por meio da extensão desse sistema em escala internacional, ampliar o emprego do remimbi (ou do E-RMB) em transações internacionais, e contribuir para a construção de sistemas de pagamentos alternativos ao Swift, fartamente empregado como arma pelos EUA em sua cruzada para preservação de sua hegemonia. Em suma, além de analisar os impactos das CBDCs nos sistemas de crédito e de pagamento, e, portanto, na mobilidade do capital, na aferição dos fluxos de capital-dinheiro, na avaliação de riscos, no alcance e na eficácia das políticas monetárias, entre outros, a abordagem de Paulo Nakatani também demonstra que as moedas digitais estatais se encontram atreladas às disputas por hegemonia no interior do sistema interestatal, desempenhando um papel que não pode ser negligenciado.

CONSIDERAÇÕES FINAIS

Em larguíssimos traços, buscou-se aqui salientar pontos-chave da crítica de Paulo Nakatani ao dinheiro e ao sistema de dívida pública, motivada por processos históricos que se desenrolavam diante de seus olhos com importantes consequências sociais. Como em outras dimensões de sua produção, diversos de seus estudos nessa seara logo se tornaram referências teóricas relevantes no debate intelectual crítico brasileiro.

Ademais, tais estudos se relacionam diretamente às suas investigações sobre a autonomização das formas funcionais do capital e a primazia assumida pelas formas capital portador de juros e capital fictício, apenas indicadas acima, e que são objeto de outros capítulos desta obra. Por ora, cumpre apenas reforçar o convite para o eventual leitor ou a eventual leitora que ainda não se aventurou por esses escritos de Nakatani a fazê-lo, com base nas indicações bibliográficas que fecham este capítulo. Bons estudos!

REFERÊNCIAS

DIERCKXSENS, Wim; JARQUIN, Antonio; CAMPANÁRIO, Paulo; NAKATANI, Paulo; CARCANHOLO, Reinaldo A.; HERRERA, Rémy. *Século XXI:* crise de uma civilização: fim da história ou começo de uma nova história? Goiânia: Cepec, 2010.

NAKATANI, Paulo. O papel e o significado da dívida pública. *In:* VARELA, Raquel (org.). *Quem paga o Estado social em Portugal?* Lisboa: Bertrand, 2012.

NAKATANI, Paulo; CARCANHOLO, Reinaldo Antonio. "O capital especulativo parasitário: uma precisão teórica sobre o capital financeiro, característico da globalização". *Ensaios FEE*, Porto Alegre, v. 20, n. 1, p. 284-304, 1999.

NAKATANI, Paulo; GOMES, Helder. "A natureza e contradições da crise capitalista". *Revista de Políticas Públicas (UFMA)*, v. 1, p. 71-84, 2014.

NAKATANI, Paulo; GOMES, Helder. O dinheiro: natureza e funções. *In:* CARCA-NHOLO, Reinaldo (org.). *Capital:* essência e aparência. v. I. São Paulo: Expressão Popular, 2011.

NAKATANI, Paulo; HERRERA, Rémy. A dolarização cubana: elementos de reflexão para uma desdolarização. *Revista Venezolana de Análisis de Coyuntura*, Caracas, v. IX, n. 2, p. 277-296, 2003.

NAKATANI, Paulo; HERRERA, Rémy. "Keynes (et Marx), la monnaie et la crise". *La Pensée*, Paris, v. 364, p. 57-70, 2010.

NAKATANI, Paulo; MARQUES, Rosa Maria. *Capitalismo em crise.* São Paulo: Expressão Popular, 2020.

NAKATANI, Paulo; MARQUES, Rosa Maria. "Crise, capital fictício e afluxo de capitais estrangeiros no Brasil". *Cadernos CRH (Online)*, v. 26, p. 65-78, 2013.

NAKATANI, Paulo; MARQUES, Rosa Maria. *O que é capital fictício e sua crise.* São Paulo: Brasiliense, 2009.

NAKATANI, Paulo; MELLO, Gustavo Moura de Cavalcanti. "Criptomoedas: do fetichismo do ouro ao hayekgold". *Crítica Marxista,* São Paulo, v. 47, p. 9-25, 2018.

NAKATANI, Paulo; MELLO, Gustavo Moura de Cavalcanti. *Introdução à crítica da financeirização:* Marx e o moderno sistema de crédito. São Paulo: Expressão Popular, 2021.

NAKATANI, Paulo; PIQUERAS, Andrés. "Exacerbación de la autonomización del capital a interés (eso que llaman financiarización): el paroxismo de la irrealidad de la economía capitalista". *Actuel Marx Intervenciones*, v. 28, p. 61-83, 2020.

NAKATANI, Paulo; SABADINI, Mauricio. "A respeito das taxas de lucro e juros em Marx". *Análise Econômica (UFRGS) Online*, v. 38, p. 55-74, 2020.

DINHEIRO E CAPITAL FICTÍCIOS

Adriano Lopes Almeida Teixeira
Mauricio de Souza Sabadini

INTRODUÇÃO

Sabemos que tratar de aspectos que misturam vida profissional e pessoal não é algo simples de fazer. Até porque há uma mistura de emoções que ultrapassa o cotidiano da atividade universitária. Sempre comentamos em sala de aula que, por trás dos pensadores clássicos da teoria econômica e social, existem sua vida pessoal, amores e dissabores, família, participação política, religiosa, afetiva, moral e a personalidade, cultura, costumes que influenciam, direta e/ou indiretamente, a obra de cada um. Mas, normalmente, só conhecemos aquela parte que trata das discussões teóricas, de suas propostas de pensamento econômico e social. Além do mais, muitas vezes (aí talvez seja mais grave) desconsideramos e/ou damos pouca ênfase aos aspectos históricos de suas vidas e obras.

E não são muitos os trabalhos que se dedicam a procurar entender um pouco desta mistura frutífera que é conhecer os caminhos e descaminhos que perfazem a vida pessoal e a obra de cada autor(a). Muito recentemente, o querido professor Fabrício Augusto de Oliveira, também muito próximo do aqui homenageado professor Paulo Nakatani, iniciou a publicação de uma série de livros tratando das doutrinas econômicas. No primeiro tomo, com subtítulo "A economia política clássica: a construção da economia como ciência (1776-1870)", Oliveira (2023) descreve como constrói metodologicamente seus entendimentos sobre o processo de formação e desenvolvimento dessa ciência:

> [...] na medida do possível, procurei, em todos estes trabalhos, retratar a vida pessoal dos principais autores neste campo do conhecimento, apoiado na concepção do filósofo José Ortega y Gasset de que "o homem é o homem e a sua circunstância", sendo necessário, para melhor entender sua obra, percorrer a estrada que trilhou para captar suas idiossincrasias, anseios, angústias e motivações. Geralmente, esses economistas têm suas obras analisadas como

> se desconectadas da vida social, entrincheirados em muros acadêmicos que os protegem de seus efeitos, quando é exatamente essa que ajuda a explicar e entender seus pensamentos e visão de mundo. (Oliveira, 2023, p. 11-12)

Nossa intenção restringe-se a apontar, na primeira parte do texto, alguns poucos aspectos que marcaram as décadas do nosso convívio com Paulo e, nos itens seguintes, destacar alguns pontos sobre o tema que mais tem sido objeto do nosso trabalho conjunto: as discussões envolvendo as questões monetárias e financeiras do modo de produção capitalista, especificamente aquelas envolvendo o dinheiro e o capital, em particular suas formas do capital a juros e do capital fictício.

UM POUCO DE SUA TRAJETÓRIA CONOSCO

Acreditamos que dois traços marcantes configuram a junção da vida social e profissional do Paulo, com interferências diretas nos processos formativos daqueles que estiveram em sua jornada ao longo destes anos: sua capacidade propositiva de trabalhar coletivamente com as pessoas e seu fácil trânsito em assuntos diversos que envolvem as temáticas acadêmicas, sempre tendo como fundamento teórico explicativo a crítica da economia política.

E foi com esse pensamento que nós tivemos os primeiros contatos com o homenageado. Logo em sua chegada, em 1992, a Vitória e à Ufes, Paulo orientou a monografia de graduação de Adriano e, em 1994, foi coordenador e professor de Mauricio no Programa de Pós-graduação em Economia da Ufes. A partir desses momentos, sua influência sobre nós, juntamente com o saudoso e grande amigo professor Reinaldo Carcanholo, marcaria definitivamente nossas vidas e nossa forma de pensamento, que é uma maneira de entender o mundo, digamos, pouco convencional. Felizmente, quis o destino que nos tornássemos, posteriormente, próximos e colegas de trabalho.

Em tempos crescentes de individualidade neoliberal, que permeia as ações das pessoas tanto no campo pessoal quanto profissional, chamam-nos a atenção suas constantes atitudes de propor grupos de pesquisa coletivos, de realizar atividades conjuntas, de sugerir novas integrações, de convidar docentes externos, de participar de eventos conjuntos, sempre visualizando novas ações e novas ideias. Não é por acaso que Paulo participou da criação de três programas de pós-graduação neste país – o de Economia, na Universidade Federal de Campina Grande (UFCG) e na Ufes, e o de Política

Social, também na Ufes) –, da criação da Sociedade Brasileira de Economia Política (SEP), da qual foi diretor e presidente, e da Sociedade de Economia Política e Pensamento Crítico da América Latina (Sepla), além de ter tido participação efetiva na Associação Nacional de Graduação em Economia (Ange). Adicionalmente, elaborou o projeto de criação do Programa de Educação Tutorial (PET) em Economia da UFCG, que serviu de base para o projeto do PET Economia da Ufes, ambos inicialmente sob a tutoria do professor Reinaldo Carcanholo.

Mesmo sabendo dessa peculiaridade que sempre marcou sua personalidade, já que nosso convívio vem de décadas, foi muito recentemente, no início do ano letivo de 2023, que essa característica chamou (ou despertou) ainda mais a atenção do segundo autor deste texto. Foi num momento de relativo desânimo com o início das atividades, quando não vislumbrávamos grandes novidades positivas pela frente e mal tínhamos começado a conversar, que o Paulo indicou um conjunto de várias coisas para fazermos ao longo do ano. Ou seja, ele estava sempre olhando o horizonte, propondo e fazendo com prazer o que o move enquanto ser humano e, no fundo, nos estimulando e ensinando a agir e pensar dessa forma.

Já a segunda característica, referente ao fácil trânsito entre as questões econômicas e sociais, também é algo que provavelmente vem de sua formação profissional, enquanto contador e economista, que lhe permitiu avançar e melhor entender aspectos relacionados aos assuntos macroeconômicos e conjunturais do capitalismo, sempre tendo como fundamento metodológico, como afirmado anteriormente, os marcos da crítica da economia política. Fazer essa mediação não é algo tão simples. De fato, não são muitos os que conseguem correlacionar e interpretar os fenômenos concretos da economia com os fundamentos teóricos por nós estudados. Assim, não é coincidência que Paulo tenha fundado, junto com Fabrício Augusto de Oliveira, o Grupo de Conjuntura Econômica do Departamento de Economia da Ufes,[1] no ano de 1997.

Diante disso, algumas palavras talvez caracterizem de forma melhor esses anos de convívio com o Paulo: ideias, trabalho, perseverança, dedicação e companheirismo. Palavras que se relacionam a diversas atividades fei-

---

[1] Para maiores detalhes, consultar: <https://blog.ufes.br/grupodeconjunturaufes>. Acesso: 11 jul. 2024.

tas coletivamente, como artigos, capítulos de livro, seminários e grupos de pesquisa, além de sua participação em nossas bancas de doutorado. Adriano mencionou nos agradecimentos de sua tese de doutorado que o professor Paulo carregava a sina de compor todas as suas bancas. Não é algo incomum na academia um professor de referência orientar desde a monografia até a tese de doutorado, mas, no caso em tela, Paulo, que foi o orientador na monografia, manteve-se sempre como referência obrigatória mesmo não sendo o orientador dos trabalhos subsequentes. Mais do que orientar, ele nos influenciou e assim permanece fazendo. De fato, a influência costuma ultrapassar os limites de uma orientação.

Os anos se passaram e, no início dos anos 2000, quando o professor Reinaldo Carcanholo se tornou orientador de Adriano na dissertação de mestrado sobre o dinheiro em Marx, o ponto de apoio era Paulo, professor que melhor transitava entre a singularidade da teoria monetária marxiana e as particularidades da teoria ortodoxa. Se, por um lado, conhecia profundamente os desenvolvimentos internos da teoria de Marx, por outro, não lhe era estranha a linguagem dos livros-textos de economia monetária.

Ele vinha já há algum tempo se dedicando ao estudo do dinheiro, tanto pelo aspecto teórico em suas diversas vertentes, quanto pelo prático e operacional da vida econômica corrente. Era comum ouvir que somente alguém oriundo da mesa de operações do Banco Central seria capaz de lançar luzes sobre o emaranhado de técnicas e operações do mundo monetário. Paulo, porém, já fazia o esforço de criar nos estudantes uma familiaridade com os números divulgados periodicamente pelas autoridades monetárias para além do que os manuais de economia monetária propagavam.

Embora cada vez mais afinado com temas sobre o dinheiro, Paulo mantinha-se sempre interessado e aberto a novas incursões teóricas. Certa feita, uma professora do Departamento de Economia, numa das aulas do mestrado, se gabava de sua capacidade de lidar com várias tarefas ao mesmo tempo e lamentava que seus colegas não fossem capazes do mesmo. No momento em que começava a arrogar a exclusividade da tal habilidade para o universo feminino, foi tomada por uma súbita hesitação, seguida de um silêncio constrangedor, e acrescentou: "somente um colega meu consegue fazer o mesmo: Paulo Nakatani".

Foi assim que ele colocou em xeque um dos mantras do mundo contemporâneo, a saber, a especialização como regra de conduta acadêmica. A compartimentalização do saber costuma limitar os pesquisadores a espaços muitas vezes estanques e distantes das interfaces com outras áreas do conhecimento, indicando que transitar em diversas áreas seria o mesmo que aniquilar o conhecimento especializado, lançando o pesquisador numa vala intelectual em que ele deixa de ser referência para qualquer coisa, em que pese saber um pouco de tudo. Paulo fugiu à regra. Permaneceu ao longo de sua trajetória ensinando matérias variadas e orientando sobre temas diversos, corroborando, assim, a fala daquela professora.

Quando esteve na defesa de tese de doutorado de Adriano, disse que a tese era por demais filosófica e que ele era um mero economista, para em seguida discorrer com facilidade sobre o tema proposto. Ali, estava Paulo fazendo o que quase todos nós economistas costumamos fazer, que é nos apequenar diante de Hegel. Porém, seguindo a lição de Rosdolsky, que subiu nos ombros de Marx,[2] Paulo demonstrava que tinha se apossado das armas fornecidas pela teoria crítica daquele autor para enfrentar o desafio de tentar compreender os meandros do cada vez mais complexo mundo capitalista, para o qual não seria possível prescindir da filosofia.

E uma das temáticas propostas para se compreender a dinâmica recente da acumulação de capital foi a discussão sobre o capital fictício. Embora estabelecer o marco inicial de algo seja sempre algo temerário, o texto sobre o capital fictício em Marx, escrito com Reinaldo em 1999, parece ter sido o ponto de partida de uma prolífica e reconhecida área de pesquisa desenvolvida por eles e que culmina na discussão em torno da financeirização.

A FINANCEIRIZAÇÃO E POSSÍVEIS PROPOSIÇÕES DE AVANÇO

Uma das temáticas mais trabalhadas em nosso grupo nas últimas décadas foi a da configuração e avanço do capital fictício no capitalismo contemporâneo, fenômeno chamado por muitos de financeirização.[3] Como indicado anteriormente, o primeiro trabalho escrito sobre o tema foi o de

---

[2] Num arroubo de modéstia, Rodolsky (2001, p. 17) disse: "Para terminar, algumas palavras *pro domo sua*. O autor não é economista nem filósofo *ex professo*. Por isso, não se atreveria a escrever um comentário aos *Grundrisse* se ainda existisse hoje – como existia na primeira terça parte deste século – uma escola de teóricos marxistas que estivessem mais preparados para cumprir a tarefa (...) Sob tais circunstâncias, o autor se considera na obrigação de apresentar aos leitores o seu trabalho".

[3] Um dos últimos trabalhos por nós elaborado, e que tem no título esse termo, foi o livro *Introdução à crítica da financeirização* (Nakatani; Mello, 2021).

Nakatani e Carcanholo (1999), seguido de inúmeros outros elaborados por nosso grupo de pesquisa, como pode ser observado em Sabadini (2021), até os dias atuais.

O objeto da financeirização está relacionado, a nosso ver, com a temática da determinação das formas funcionais do capital e suas autonomizações, tendo no capital fictício (D-D') o eixo central da dinâmica especulativa do capital, que adquire contornos e particularidades no capitalismo contemporâneo. Suas mutações, a partir do crescimento do mercado mundial, são centrais para entender a dinâmica das novas formas de reconfiguração da acumulação capitalista.

A importância da compreensão do capital fictício decorre não só de seu crescimento ao longo das últimas décadas do capitalismo contemporâneo, mostrado por inúmeras bibliografias, como em Durand (2014), por exemplo, mas, sobretudo, a nosso ver, por tratar-se de uma forma de capital que descortina uma série de mediações complexas entre a produção e a circulação capitalista, que foram apresentadas por Marx em seu conteúdo geral já em meados do século XIX, nos manuscritos de 1864-65, que serviram de base para Engels elaborar o livro III de *O capital*, publicado em 1894. Mesmo em meio ao processo de constituição da Revolução Industrial em alguns países capitalistas desenvolvidos, o autor já identificava os elementos de um capital que não gera valor, não gera mais-valia, mas se apropria e interfere diretamente na dinâmica da acumulação capitalista.

Quando se trata, por exemplo, mais diretamente das formas do capital fictício, como no caso das ações, Marx é muito enfático sobre os possíveis vínculos entre o real e o financeiro:

> Os títulos de propriedade sobre empresas por ações, ferrovias, minas etc, são, de fato, conforme igualmente vimos, títulos sobre capital real. Entretanto, não dão possibilidade de dispor desse capital. Ele não pode ser retirado. Apenas dão direitos a uma parte da mais-valia a ser produzida pelo mesmo. Mas esses títulos se tornam também duplicatas de papel do capital real [...]. Tornam-se representantes nominais de capitais inexistentes. Pois o capital real existe ao seu lado e não muda ao todo de mãos pelo fato de essas duplicatas mudarem de mãos [...]. Mas, como duplicatas que são, em si mesmas, negociáveis como mercadorias e, por isso, circulam como valores-capitais, elas são ilusórias e seu montante de valor pode cair ou subir de modo inteiramente independente do movimento de valor do capital real, sobre o qual são títulos. (Marx, 1985, p. 20)

O processo de desenvolvimento das formas funcionais do capital, as transformações do sistema de crédito, do sistema bancário, associado à maior facilidade de transações financeiras nos balanços de pagamentos dos países devido às políticas neoliberais, intensificaram a proeminência do capital fictício no seio da sociedade capitalista recente.

Nesse contexto, uma categoria, a de lucros fictícios, surgiu nos primeiros trabalhos e foi se desenvolvendo em trabalhos posteriores,[4] como no mais recente (Teixeira; Sabadini, 2022). Não temos a intenção de apresentá-la aqui, até porque o espaço e o objetivo do trabalho não nos permitem. De toda maneira, as possíveis proposições de avanço dessa categoria referem-se à forma como o próprio capital fictício assume seu fetiche extremo e suas contradições máximas, ao tentar se valorizar sem a mediação do trabalho. É o sonho do capital de se valorizar sem a sua principal mercadoria, a força de trabalho, fonte determinante de valorização do valor.

Os lucros fictícios surgiram do próprio processo de autonomização do capital fictício, no qual as formas clássicas de remuneração, advindas da fração da mais-valia, dão lugar, em meio ao crescimento elevado das transações fictícias, a lucros que não possuem vínculo com o excedente sob a forma de mais-valia. Uma aparente heresia quando se considera a teoria do valor-trabalho de Marx, fundada na centralidade do trabalho como fonte de riqueza. Mas, ao contrário do que possa parecer, as ideias apontadas inicialmente por Paulo e Reinaldo e que seguiram sendo desenvolvidas indicavam que essa proposição não feria os fundamentos do valor-trabalho; pelo contrário, potencializava as contradições capitalistas inerentes ao fenômeno da financeirização no capitalismo contemporâneo. Daí as constantes crises capitalistas que têm se manifestado, de forma mais evidente, nos chamados mercados financeiros desde as últimas décadas do século XX, tanto nos países capitalistas subdesenvolvidos quanto nos desenvolvidos.

Tais lucros desprovidos de mais-valia não sustentam a dinâmica da acumulação, não reproduzem a lógica da valorização, não amparam a produção e reprodução capitalista, não possuem substância valor-trabalho – porém, garantem, pelos crescentes movimentos especulativos, lucros individuais fictícios que caracterizam uma sociedade marcada pelas rendas financeiras. Ao mesmo tempo, e de forma principal e central, a crescente exploração da

---

[4] Para maiores detalhes desse panorama temporal, ver Sabadini (2021).

força de trabalho segue intensificada ao extremo, permeada por transformações significativas nas relações de trabalho, nas formas dinâmicas de plataformização do trabalho, na retirada dos direitos e das conquistas sociais, nas reformas trabalhistas que reduziram e continuam a reduzir a proteção social e do trabalho. É a intensificação da produção de mais-valia para fazer frente à tendência decrescente da taxa de lucro.

Mas, se por um lado, o capital expressa uma relação social de produção e o capital fictício é seu ápice de mistificação e fetiche, por outro, ele está umbilicalmente ligado a uma outra mercadoria especial que tem como fundamento o valor que se valoriza: o dinheiro. E é sobre ela que trataremos um pouco agora.

COLOCANDO OS PÉS NO CONCRETO: O DINHEIRO FICTÍCIO

Além das questões relacionadas à chamada financeirização, talvez nenhuma contribuição do Paulo represente tão bem as constantes mediações que ele procurava fazer entre o real e a teoria. É possível que ele tenha chegado ainda mais próximo do real quando começou a estudar e escrever sobre criptomoedas. Mas, pouco antes disso, ele discorria nas salas de aulas e nos grupos de estudo e pesquisa sobre um tema que parecia lhe entusiasmar: o caráter fictício do dinheiro e a obsolescência dos livros-textos de economia monetária.

Se ele precisava de um empurrão, um velho amigo o forneceu. O professor Eleutério Prado publicou em 2013 e 2016 dois textos sobre o dinheiro em Marx. No primeiro, analisou a controvérsia brasileira sobre o dinheiro mundial inconversível, resgatando textos de Reinaldo Carcanholo, Claus Germer, Gentil Corazza e Leda Paulani. Ali já aparece a categoria dinheiro fictício. Mas seria no segundo texto que ele desenvolveria a discussão.

Paulo se aproveita do esforço do colega e dá um passo adiante no coro pela reformulação dos manuais de economia monetária. Em texto apresentado com Adriano Lopes Almeida Teixeira na SEP, em 2016, Paulo anuncia que o mundo do dinheiro e das finanças mudou, ao contrário dos enunciados ainda ecoados nos corredores dos cursos de Economia. Diz ele:

> Assim, o dinheiro hoje não é mais o dinheiro, apesar de ser imaginado como tal, como o encontramos desenvolvido nos primeiros capítulos de *O Capital* de Marx. Sob o moderno sistema de crédito, o que chamamos de

> dinheiro, a rigor, é uma forma de dívida estatal, uma dívida especial sem vencimento nem remuneração. (Nakatani; Teixeira, 2016, p. 17)

Eis o dinheiro fictício, apregoa Paulo.[5] E continua, contrariando a teoria tradicional:

> As notas impressas e distribuídas pelos Bancos Centrais são apenas símbolos substitutos do que seriam as moedas cunhadas, além disso nem correspondem mais à chamada criação monetária, pois esta é efetuada apenas através de registros de débito e crédito nos sistemas computadorizados dos bancos centrais e do sistema bancário. (Nakatani; Teixeira, 2016, p. 17)

Diante das inovações tecnológicas, o papel-moeda tornou-se obsoleto, ressaltando o caráter fictício do dinheiro. Com a nova configuração do dinheiro, Paulo está demonstrando que o Marx de *O capital* permanece fundamental para a compreensão do capitalismo contemporâneo, mas as formas do dinheiro assumiram novas determinações que precisam ser analisadas meticulosamente.

> Com isso, a maior parte das transações econômicas converteram-se unicamente em registros contábeis nas empresas, bancos e governos, onde o dinheiro fictício funciona como a unidade de medida que substituiu o padrão ou estalão de preços tendo tido a sua função de meio de circulação quase que totalmente substituída por esses registros que transferem instantaneamente saldos monetários de uma conta para outra. (Nakatani; Teixeira, 2016, p. 17)

O tal dinheiro, como entendido pelos livros-textos, perdeu importância, segundo Paulo. Se determinado valor é depositado no banco como dinheiro, ou melhor, como dinheiro fictício, ali permanecerá como tal por pouco tempo, pois que destinado a ser convertido em capital pelo sistema bancário, seja através do mercado interbancário, seja, em última instância, pela ação do Banco Central ao fornecer empréstimos nas operações efetuadas diariamente no mercado aberto.

O dinheiro tal como conhecemos tende a desaparecer, cedendo cada vez mais espaço ao capital, como anunciara Marx. A transição real do dinheiro ao capital, numa espécie de dialética do concreto, tem acontecido diariamente nos computadores do sistema bancário, confirmando o acerto

---

[5] Embora tenha escrito o texto junto com Adriano, referenciamos Paulo como reconhecimento de que a originalidade do argumento veio dele.

de Marx ao escolher *O capital* como título de sua obra. A figura do dinheiro fictício potencializa essa compreensão, pois na exposição dialética do processo de acumulação posiciona-se como categoria que precede o capital fictício, facilitando a elucidação da proeminência da dimensão financeira no capitalismo atual.

Diante desses aspectos pontuais por nós aqui relatados, queremos finalizar este texto em homenagem ao professor Paulo Nakatani dizendo que ele não tem conclusão ou considerações finais, até porque a história não termina.

REFERÊNCIAS

DURAND, Cédric. *Le capital fictif:* comment la finance s'approprie notre avenir. Paris: Les Prairies Ordinaires, 2014.

NAKATANI, Paulo; CARCANHOLO, Reinaldo Antonio. "O capital especulativo parasitário: uma precisão teórica sobre o capital financeiro, característico da globalização". *Ensaios FEE*, Porto Alegre, v. 20, n. 1, p. 284-304, 1999.

NAKATANI, Paulo; MELLO, Gustavo Moura de Cavalcanti (org.). *Introdução à crítica da financeirização:* Marx e o moderno sistema de crédito. São Paulo: Expressão Popular, 2021.

NAKATANI, Paulo; TEIXEIRA, Adriano Lopes Almeida. Dinheiro e dinheiro fictício em Marx. *In:* ENCONTRO NACIONAL DE ECONOMIA POLÍTICA, ed. XXI, 2016, Anais... do São Bernardo do Campo (SP): UFABC, 2016.

OLIVEIRA, Fabrício Augusto de. *As doutrinas econômicas:* a economia política clássica: a construção da economia como ciência (1776-1870). São Paulo: Contracorrente, 2023.

PRADO, Eleutério. Da controvérsia brasileira sobre o dinheiro mundial inconversível. *Revista da SEP.* São Paulo, n. 35, p. 129-152, jun. 2013.

PRADO, Eleutério. From gold money to fictitious money. *Revista de Economia Política.* São Paulo, v. 36, n. 1 (142), p. 14-28, January-March, 2016.

ROSDOLSKY, Roman. *Gênese e estrutura de o capital de Karl Marx.* Rio de Janeiro: Eduerj; Contraponto, 2001.

SABADINI, Mauricio de S. A (crítica da) economia política, o capital fictício e os lucros fictícios. *Revista da Sociedade Brasileira de Economia Política,* Edição Especial, p. 176-202, mai.-jun. 2021.

TEIXEIRA, Adriano Lopes Almeida; SABADINI, Mauricio de S. Marx and the Category of Fictitious Profits: Some Notes on the Brazilian Economy. *In:* MELLO, Gustavo M. de C.; BRAGA, Henrique P. (org.). *Wealth and Poverty in Contemporary Brazilian Capitalism.* Switzerland: Palgrave Macmillan, 2022.

OS DESAFIOS PARA A COMPREENSÃO DO ESTADO CAPITALISTA E AS LIÇÕES DO PROFESSOR PAULO NAKATANI

Pedro Rozales R. Dominczak
Rafael Breda Justo

INTRODUÇÃO

O professor Paulo Nakatani desenvolveu ao longo de sua trajetória intelectual inúmeros temas de pesquisa, apoiado quase sempre em uma rica base filosófica marxista. Foi assim que, já nos anos 1970, quando se doutorou em Economia na França, passou a se interessar pelo tema do Estado, particularmente em sua forma contemporânea: o Estado capitalista.

Um dos autores deste texto teve os primeiros contatos com o professor ainda no primeiro período da graduação. Sua didática em sala de aula, paciência e os conhecimentos que foram transmitidos naquele período foram fundamentais para despertar o desejo de prosseguir na carreira acadêmica. A linha teórica heterodoxa apresentada nas aulas, divergente da maioria dos professores do curso de Economia, contextualizava a condição desigual da realidade brasileira e podia ser percebida por nós, mesmo que inconscientemente, nas diferenças sociais entre os alunos em sala de aula.[1]

O outro autor deste texto conheceu o professor Paulo pela primeira vez quando ele lecionava, justamente, a disciplina Estado e Reprodução Social no curso de especialização em Economia e Desenvolvimento Agrário, parceria entre a Universidade Federal do Espírito Santo (Ufes) e a Escola Nacional Florestan Fernandes (ENFF), escola de formação de quadros do Movimento dos Trabalhadores Rurais Sem Terra (MST). Isso foi no ano de 2009. Paulo e Reinaldo Carcanholo eram os idealizadores e promotores dessa iniciativa pelo "lado institucional", ou seja, pela Ufes. Ambos integra-

---

[1] Talvez uma das causas daquela percepção esteja relacionada ao fato de que o ano de 2010 foi o primeiro em as cotas sociais passaram a ser implementadas nos cursos de graduação da Ufes.

Pedro Rozales R. Dominczak e Rafael Breda Justo

vam a Coordenação Política Pedagógica (CPP) do curso que, àquela altura, já estava em sua segunda turma. O curso chegou a contar com mais duas turmas depois daquela.

Naquela disciplina Paulo nos apresentou textos introdutórios sobre o Estado dentro da tradição marxista. Ali tomamos contato (muitos de nós pela primeira vez) com *A origem da família, da propriedade privada e do Estado*, de Engels, *O Estado e a revolução*, de Lenin, o "Prefácio" da *Contribuição à crítica da economia política*, de Marx. Além de nos colocar em contato (também pela primeira vez para a maioria de nós) com o pensamento de Gramsci acerca do Estado, por meio de um texto sintético (hoje nos parece até relativamente esquemático, mas naquele momento foi fundamental) de Hugues Portelli, intitulado "Gramsci e o bloco histórico".

Além das aulas que frequentávamos nos períodos de férias dentro do calendário universitário,[2] durante o restante do ano, como cada estudante voltava para seu estado de origem, levávamos uma apostila com uma seleção de textos, em geral bastante extensa, das disciplinas que havíamos cursado. Como essa era uma disciplina introdutória sobre o papel e o funcionamento do Estado dentro das sociedades capitalistas, Paulo teve a sensibilidade de nos apresentar textos introdutórios.

Era bastante comum chegarmos a esses cursos carregados de jargões e imagens que fazíamos dos grandes pensadores marxistas, aos quais chamávamos de "clássicos", mas em geral com pouca ou nenhuma leitura deles. O que mais nos intrigou naquele momento foram dois aspectos: a enorme didática com que ele trabalhava esse tema tão complexo e uma multiplicidade de autores marxistas que haviam problematizado o tema do Estado e seus problemas para as lutas sociais e políticas, para além de Marx, Lenin e Gramsci. Ali, com o professor Paulo, entramos em contato com Ernest Mandel (1977), Louis Althusser (1998), Nicos Poulantzas (2000) e Pierre Salama (Mathias; Salama, 1983), além de colegas de trabalho dos próprios Paulo e Reinaldo, como Rémy Herrera (2011).

---

[2] As aulas do curso normalmente aconteciam em dezembro ou janeiro e julho. O curso funcionava em etapas e durou da metade de 2009 até a metade de 2011. Esse foi mais um entre os tantos trabalhos militantes voltados à formação teórica que Paulo, Reinaldo e o grupo da Escola de Vitória realizaram junto com jovens militantes de movimentos sociais ou de partidos políticos de esquerda.

Os desafios para a compreensão do Estado capitalista e as lições do professor Paulo Nakatani

A ideia e a estrutura que tentamos empregar neste texto foi a de tentar mesclar um pouco das memórias das aulas que o professor Paulo ministrou sobre o tema do Estado, conectando-as com as problemáticas que o tema suscita. Como é um texto muito breve, o máximo que podemos almejar aqui é tentar despertar a curiosidade do leitor e da leitora para se aprofundar nessas problemáticas, seja através de algum dos trabalhos do professor ou dos autores que ele estudou. Boa parte dessas problemáticas, diga-se, continua a interessar a novos e antigos pesquisadores. Ou seja, são problemas que não apenas o professor tratou nas aulas e em parte de seus textos, mas que ainda não foram solucionados.

O ESTADO CAPITALISTA NÃO ESTÁ ACIMA DAS RELAÇÕES SOCIAIS NEM SE REDUZ À FERRAMENTA DE DOMINAÇÃO

Depois daquele curso (que se encerrou em 2011), alguns de nós continuamos alunos de Nakatani durante muitos anos na graduação em Economia, no mestrado e no doutorado em Política Social. Outra coisa que nos chamou a atenção ao longo dos anos, não apenas nos cursos em que ele era professor (em geral, o mais experiente e com maior "autoridade moral", se podemos sintetizar em uma expressão a presença dele entre seus colegas na universidade), foi o fato de que ele nos apresentou o Estado em um novo "lugar conceitual", tão incomum entre várias gerações de pensadores marxistas.

Talvez muito presos à ideia, generalizada entre as esquerdas ao redor do mundo, decorrente de uma leitura simplificada do *Manifesto comunista*, de que o Estado burguês não passa de "comitê privilegiado dos assuntos da burguesia", pairava a concepção de que o Estado é utilizado como *ferramenta privilegiada* das classes dominantes.

De outro lado, existia (e essa perspectiva provavelmente é ainda mais forte), a ideia de que o Estado está acima das contradições sociais – em geral, em oposição à sociedade civil. Nesse outro grupo, encontramos as teorias burguesas (ou liberais) acerca do Estado e a confusão do que seja sociedade civil, que, via de regra, nessas perspectivas burguesas é tida como sinônimo do mercado.

A partir dessa ideia geral, foi possível criar toda uma teoria de Estado *a partir de Marx*, teoria que englobava desde os povos primitivos até as várias formas de Estado entre os séculos XX e XXI. O Estado seria, nessa concepção, invariavelmente, ferramenta de dominação da classe dominante sobre as demais. Assim, o Estado na Antiguidade Clássica seria uma ferramenta de dominação da elite entre os egípcios; mais tarde, entre Persas, e em seguida, nas mais desenvolvidas e complexas entre aquelas sociedades, o Estado na Grécia e na Roma antiga, seria ferramentas de dominação das classes dominantes em suas respectivas épocas.

Nessa linha de raciocínio, durante a dissolução social provocada pela crise do Império Romano (ao menos de sua parte ocidental), essa tese não poderia explicar o Estado feudal, em todas as suas particularidades, mas explicaria o Estado moderno, com a crise do feudalismo como modo de produção dominante na Europa.

Essa tese geral enfrentava (e enfrenta) vários problemas. E o restante do mundo, onde as relações sociais capitalistas não se desenvolveram em toda a sua complexidade, no mesmo ritmo e no mesmo período que na Inglaterra e na França? E nas regiões onde modos de produção distintos conviveram durante séculos? O Estado estaria a serviço de qual classe? E no Brasil e em parte considerável da América Latina, onde durante praticamente quatro séculos a relação social fundamental foi pré-capitalista (o escravismo)?

O professor Paulo fez essas questões de maneira objetiva. Entendia que a melhor forma para que nos aprofundássemos na teoria marxista não seria replicando teorias clássicas. Seguiu outro caminho conosco: colocar-nos diante da realidade de problemas práticos, em geral, cotidianos, dos seres humanos em sua luta diária pela sobrevivência. Quais dilemas nós, seres humanos, enfrentamos?

Como chamar a dona de casa de proletária, nos mesmos moldes da classe operária que havia se formado 150 anos antes em Manchester, na Inglaterra? Aquela sociedade não contava com donas de casa? Qual função cumpriam dentro das contradições daquela sociedade, na qual começavam a amadurecer (isso mesmo, só em meados do século XIX, o que para nós era um contrassenso) as relações sociais capitalistas? Se o Estado fosse ferramenta privilegiada de dominação, a quais classes sociais ele estaria servindo nas sociedades dependentes? Às elites locais? Ou ao capital estrangeiro?

O professor Paulo foi o primeiro (e um dos poucos) que nos explicou, como sempre com enorme didática, que o Estado não está *acima* das relações sociais fundamentais em cada modo de produção, nem mesmo *em contradição* com o mercado capitalista (e, antes dele, com os mercados pré-

-capitalistas), como se estivesse em uma espécie de disputa com o mercado (como pressupõem uma parcela vulgar da economia ortodoxa).

O Estado está *dentro* das relações sociais de produção em cada tipo de sociedade. Ele participa ativamente das relações sociais fundamentais e, em geral, em momentos de crise, ele tem como função primordial resolver conflitos (e mesmo contradições) sociais. Seja pelo apaziguamento dessas contradições, seja pela violência e repressão quando elas se acirram.

As estruturas de Estado, por sua vez, estão em íntima conexão com a economia mundial. Exemplo disso é o mercado de capitais, conectado atualmente por inúmeras tecnologias digitais. Além do mais, a regulamentação, tanto do mercado de capitais quanto da força de trabalho, necessita da intervenção do Estado para se viabilizar.

DEBATE DA DERIVAÇÃO DO ESTADO E DO CAPITAL

O professor Paulo, ao longo das décadas em que lecionou, em diferentes disciplinas e cursos, sobre o tema do Estado, não se restringiu apenas a seu papel para o "desenvolvimento econômico". Nem mesmo ficou restrito às discussões filosóficas em torno do tema. Ainda no início dos anos 1980, talvez pela influência de seu orientador de doutorado, Pierre Salama, Nakatani absorveu, de maneira crítica, o debate sobre a Teoria da Derivação (a rigor, o grupo da Teoria da Derivação nunca foi uma escola, com afinidade teórica, objetos comuns de pesquisa e reuniões regulares entre seus membros).

A Teoria da Derivação, se é que a podemos chamá-la dessa maneira, tem como elemento de unidade o entendimento comum de que o Estado capitalista é mais complexo que uma ferramenta privilegiada de dominação da classe dominante sobre as demais, e também que, para além disso, o Estado é "deduzido" ou "derivado" do capital. Parte desse debate desenvolveu-se na Alemanha a partir do início da década de 1970, outra parte disseminou-se na França, teve publicações em espanhol, mas praticamente não chegou ao Brasil.

Em 1987, Nakatani publicou um artigo na revista *Análise Econômica*, da Universidade Federal do Rio Grande do Sul, sintetizando de maneira crítica o debate alemão. Vale detalhar um pouco a síntese apresentada naquele trabalho, que condensa parte importante do debate alemão. A ideia geral era a seguinte: Estado e capital não estão em relação de exterioridade, mas sim de organicidade. O procedimento teórico para a compreensão do Estado capitalista parte de sua derivação/ dedução em relação ao capital.

Paulo escolheu quatro autores para a compreensão do debate:[3] Elmar Altvater, Margaret Wirth, Joachim Hirsch e Pierre Salama. O objetivo do trabalho foi tentar extrair deles o "[...] procedimento exato da derivação do Estado". Cada um dos autores deduziu o Estado do capital por um caminho distinto.

O primeiro deles, Altvater, compreendeu a contradição entre a "caça" do lucro, realizada pelos capitais particulares, e a busca por "condições gerais" para a reprodução do capital, que não poderia ser realizada pelos capitais particulares. Foi necessária a criação de uma "instituição especial", capaz de produzir "condições especiais", instituição que "[...] deve ser independente da sociedade burguesa e superior a ela" (Nakatani, 1987, p. 38). Altvater entendeu que a criação dessas condições especiais para a reprodução do capital deveria crescer como consequência à tendência histórica da queda da taxa de lucro. Em seguida definiu, justamente, quais eram essas condições especiais: as atividades "não-rentáveis" para o capital. E quais seriam? As que servem para a "maturação" (que não apresenta resultado imediato, como atividades de pesquisa e qualificação, por exemplo) e as de operação da estrutura produtiva criada para o funcionamento da sociedade capitalista (e aqui Altvater opõe a "produção" da "operação"). Exemplo: construir pontes, escolas e hospitais, é rentável ao capital, mas sua operação deixa de ser. Nesse caso, caberia ao Estado responsabilizar-se pela operação de parte da estrutura criada pelo capital (Nakatani, 1987, p. 39).

A segunda autora analisada naquele trabalho foi Margareth Wirsth. Para ela, o Estado deriva justamente da contradição entre a igualdade formal entre sujeitos juridicamente proprietários (trabalhadores proprietários da força de trabalho, de um lado, e capitalistas, dos meios de produção, de outro) e a desigualdade real. Essa contradição, no plano abstrato, só podia ser resolvida com a existência de uma instituição separada dos vários capitais particulares. "O Estado, então, se transforma, tendo sido um meio de manter a dominação de uma classe sobre a outra, em um meio de manter a dominação do capital sobre a sociedade" (Wirsth *apud* Nakatani, 1987, p. 41). O Estado, nessa perspectiva, resolve a contradição entre a aparência e a essência

---

[3] Nem todos da Alemanha, mas que participaram de alguma maneira naquele debate, que depois dos anos 1980 continuou recebendo novas contribuições.

de outra contradição, a que existe entre capital e trabalho. Entre a liberdade formal e a desigualdade real. Contudo, "[o] que não é evidente é a solução da contradição por si mesma" (Nakatani, 1987, p. 41). Em outras palavras, não fica claro como se deve dar a intervenção do Estado.

O terceiro dos autores analisados por Paulo foi Joachim Hirsch. Reproduzimos aqui o caminho da dedução que o próprio autor descreveu em seu artigo:

> 1º: a análise da reprodução social baseada na produção capitalista, na qual a lei da tendência à queda na taxa de lucro exprime o aspecto fundamental da dinâmica das contradições sociais; 2º: o estudo desta lei leva-o à conclusão na qual a dinâmica imposta pela mesma empurra o capitalismo à catástrofe; 3º: a análise das contra-tendências, pelo desdobramento concreto do processo de acumulação, ou seja, as barreiras e possibilidade atuais face às quais se encontra o capital não são suficientes para responder porque 'esta catástrofe não ocorreu até hoje': Estas contra-tendências, por seu caráter contraditório, não explicam a manutenção da reprodução do capital; 4º: das contradições às quais se chocam o capital, Hirsch deduz as funções do Estado; 5º: estas definem a forma Estado como o 'capitalista coletivo em ideia'; 6º: ele nota, rapidamente, que não é necessário utilizar a tese catastrofista para a dedução do Estado. (Nakatani, 1987, p. 44-45)

Ou seja, das contradições geradas pelo fundamento da sociedade capitalista (que consiste na tendência geral da queda na taxa de lucro), surgiu a necessidade de recriação de condições favoráveis à reprodução do capital. As contratendências, por si só, não criariam essas condições. Assim, surgiu a dedução das funções do Estado: da necessidade de criar condições favoráveis à reprodução do capital. Condições que não puderam ser criadas pelos capitais individualmente.

Por fim, o último dos autores estudados foi Pierre Salama, que justamente o orientou no doutorado francês.[4] Salama propôs a dedução sob dois pontos: 1) o fetichismo da mercadoria e 2) a dedução propriamente dita. Propôs também uma distinção metodológica. No nível mais abstrato está o Estado "deduzido" do capital. No nível concreto (na superfície da realidade) está o regime político, como expressão "fenomênica" do Estado. Para

---

[4] Além do doutorado, Paulo Nakatani fez o mestrado e o pós-doutorado na França. O mestrado, em Système de l'Économie Mondiale, concluído no ano de 1981; o doutorado, em Ciências Econômicas na Université de Picardie, concluído em 1982; e o pós-doutorado na Université Paris XIII, concluído em 2002. Além desse pós-doutorado na França, Paulo também tem um pós-doutorado na Espanha, realizado na Universidad Complutense de Madrid, concluído em 2009.

Pedro Rozales R. Dominczak e Rafael Breda Justo

Salama, a generalização das relações mercantis ("generalização da mercadoria") pressupunha o fetichismo da mercadoria, ou seja, pressupunha que as relações de troca apareciam como relações entre mercadorias, mas também como relações entre "unidades independentes", formalmente "iguais entre si". Nesse ponto, Salama retomava uma das teses fundamentais de Pachukanis.[5] No segundo aspecto, o da dedução do Estado a partir do capital, Salama entendia não existir uma relação de exterioridade, mas sim de organicidade. Para operar esse raciocínio, Salama retomou a distinção realizada por Rodolsky entre os múltiplos capitais particulares (individuais) e o capital em geral. O Estado, essencialmente, derivava deste último.

O Estado, e isso também está presente nos demais autores debatidos, garantia a reprodução das trocas desiguais entre proprietários dos meios de produção e proprietários da força de trabalho. Como esse processo é fetichizado, ele tende a aparecer (desfetichizar-se), em especial nos momentos de crise, quando a ação do Estado se torna ainda mais necessária.

O outro aspecto da dedução não está no capital em geral, mas nos múltiplos capitais individuais. Diferente do que possa parecer, a intervenção do Estado também obedece à distinção entre níveis de abstração. No nível do capital em geral (abstrato), a intervenção do Estado atua no sentido de regenerar o próprio capital nos momentos de crise. No nível dos capitais individuais (concreto), a intervenção do Estado atua em sentido inverso, desempenhando uma espécie de papel "provisório das crises", "acentuando a transferência da mais-valia social" para os setores mais dinâmicos do capital. Assim, a intervenção do Estado atua em sentido inverso e contraditório.

Por fim, Salama indica (e nesse ponto se aproxima de Hirsch) que o capital, deixado à própria sorte, tende à derrocada. O Estado é o elemento de regeneração do capital em geral, mas não pode se constituir como aparelho privado de dominação de classe. Assim, nessa posição, tem condições de limitar os "efeitos destruidores da crise" para certas frações de capital e, inversamente, criar as condições de "recuperação para estas mesmas frações".

---

[5]   Para Pachukanis, para viabilizar as trocas mercantis entre sujeitos tão desiguais, era necessário pressupor uma equiparação, ainda que formal, no plano jurídico. Assim, o direito (primeiro como direito comercial) não fez outra coisa senão colocar sob a forma jurídica dois sujeitos de direito frente a frente, como "iguais" portadores de direito: o trabalhador e o capitalista.

A RETOMADA DO DEBATE NA ATUALIDADE

Ao longo dos anos 1980 e 1990, foram poucos os trabalhos que, no Brasil, dedicaram-se a explorar o debate da derivação/dedução do Estado. Apenas recentemente importantes autores têm publicado trabalhos inspirados na perspectiva derivacionista do Estado, principalmente apoiados na proposta de compreensão do contexto latino-americano e de suas particularidades. Entre eles cabe mencionar: Áquilas Mendes (2020) e a coletânea de artigos (que possui capítulos dos autores) de Antoine Artous, Tran Hai Hac e José Luis Solís González (2016). Além disso, a perspectiva tem sido objeto de pesquisa ou base teórica em algumas teses (Rozales, 2021; Caldas, 2013) e dissertações (Tavares, 2019). Mesmo que o número de trabalhos não seja expressivo, a curiosidade que o debate despertou e os caminhos que ele oferece evidenciam que aquela proposta teórica, que Nakatani nos apresentou na contracorrente do pensamento marxista hegemônico nas universidades brasileiras, permanece viva e ainda é um campo de pesquisa vasto e necessário.

INTERVENÇÃO DO ESTADO E OUTROS TEXTOS ATUAIS

O texto publicado em 1987 foi o que, para nós, mais bem sintetizou àquela altura o debate da derivação do Estado e do capital. Mas Nakatani escreveu uma infinidade de textos sobre o tema do Estado, com ênfase maior nos aspectos da intervenção do Estado, e não no debate filosófico, se é que podemos chamar assim.[6] A intervenção do Estado sobre a economia e sobre o conjunto da sociedade foi o objeto, em especial nos últimos anos, dos estudos do professor, quando passou a analisar mais detidamente a transição ao socialismo, ainda em curso, tanto em Cuba quanto na China.

Nesse ponto particular, merece destaque o trabalho de coordenação de pesquisa desenvolvido ao longo dos anos 2010, com o grupo que ficou conhecido como "China e Cuba". E mais tarde, depois da reorganização decorrente do ingresso e saída de alguns de seus membros, do grupo intitulado "Estudos críticos do desenvolvimento".

---

[6] Ainda que a compreensão sobre as funções do Estado e de sua intervenção não prescindam de uma bem fundamentada base filosófica.

Pedro Rozales R. Dominczak e Rafael Breda Justo

Vale ainda mencionar os longos anos, entre as décadas de 2000 e 2010, nos quais Paulo ministrou aulas da disciplina Economia Monetária,[7] fosse na graduação em Economia, fosse na pós-graduação, tanto em Economia quanto em Política Social. Além dessa disciplina, Nakatani lecionou temas que vão do planejamento econômico e social, ainda na década de 1970, passando pela microeconomia, na década de 1980, e a reforma agrária, entre os anos 1990, 2000 e 2010, até chegar à disciplina que mencionamos no início deste capítulo, Estado e Reprodução Social, na pós-graduação em Política Social da Ufes.

Em vez de acomodar-se ao longo dos anos, e já são 50 anos (!) de trabalho dedicados à pesquisa e à docência, Paulo foi renovando a literatura que indicava para seus alunos, além de calibrar seus enfoques e manter-se extremamente atualizado nos exemplos que utilizava em aula. Por todo esse conjunto, não é exagero afirmar que o professor Paulo Nakatani está entre os maiores pensadores marxistas da atualidade dentro da temática do Estado capitalista.

Ao buscar na memória os primeiros contatos que tivemos com ele, e depois de passar mais de dez anos convivendo em inúmeros ambientes de docência (como seus alunos), grupos de pesquisa (coordenados por ele), além das reuniões de orientação de tese, temos uma dimensão da experiência que ele desenvolveu numa de suas melhores atividades profissionais: a de professor. E isso se revelou menos pela diversidade de temas contidos nos trabalhos de pesquisa de seus orientados (atualmente, a maioria deles leciona em diversas universidades brasileiras), e mais pela enorme simplicidade com que nos deu aula e ensinou a fazer pesquisa.

---

[7] Os dois autores deste texto foram orientados no doutorado pelo professor Paulo. E como uma das tarefas da orientação realizaram estágio de docência justamente quando ele lecionava, para estudantes de graduação em Economia, a disciplina Economia Monetária. Nessas aulas pudemos conhecer outro aspecto do Paulo, para além do pensador e professor marxista: o professor com total domínio das vertentes que constituem a economia ortodoxa. E conhecendo aqueles autores e as ferramentas institucionais que o Estado utilizada para "criar" e "cancelar" moeda, pudemos conhecer uma das principais funções do Estado capitalista: a criação de capital fictício com a função de garantir a reprodução do capital em geral.

REFERÊNCIAS

ALTHUSSER, Louis. *Aparelhos ideológicos de Estado.* São Paulo: Graal, 1998.

ARTOUS, Antoine *et al. Naturaleza y forma del Estado capitalista:* análisis marxistas contemporáneos. Buenos Aires: Herramienta, 2016.

CALDAS, Camilo Onoda Luiz. *A teoria da derivação do Estado e do direito.* São Paulo: Expressão Popular, 2013.

ENGELS, Friedrich. *A origem da família, da propriedade privada e do Estado.* São Paulo: Expressão Popular, 2010.

HERRERA, Rémy. Alguns aspectos filosóficos e políticos da teoria de Estado em Marx e Engels. *Argumentum,* Vitória, v. 3, n. 2, p. 71-93, jul.-dez. 2011.

LENIN, V. I. *O Estado e a revolução.* São Paulo: Expressão Popular, 2007.

MANDEL, Ernest. *Teoria marxista do Estado.* São Paulo: Antídoto, 1977.

MARX, Karl. Prefácio. *In:* MARX, Karl. *Contribuição à crítica da economia política.* São Paulo: Expressão Popular, 2008.

MATHIAS, Gilberto; SALAMA, Pierre. *O Estado superdesenvolvido:* das metrópoles ao terceiro mundo. São Paulo: Brasiliense, 1983.

MENDES, Aquilas; CARNUT, Leonardo. "Capital, Estado, crise e a saúde pública brasileira: golpe e desfinanciamento". *SER Social,* Brasília, v. 22, n. 46, p. 9-32, jan.-jun., 2020.

PORTELLI, Hugues. *Gramsci e o bloco histórico.* 6. ed. São Paulo: Paz e Terra, 2002.

POULANTZAS, Nicos. *O Estado, o poder, o socialismo.* São Paulo: Paz e Terra, 2000.

ROZALES, Pedro. *Estado à deriva:* impacto da financeirização na intervenção pública nos governos FHC e Lula. Marília (SP): Lutas Anticapital, 2021.

TAVARES, Hugo Rezende. *Estado e capital:* fundamentos teóricos do Debate da Derivação. 2019. Dissertação (Mestrado em Economia Política) – Programa de Estudos Pós-graduados em Economia Política, Pontifícia Universidade Católica de São Paulo, São Paulo, 2019.

A ECONOMIA BRASILEIRA EM PERSPECTIVA: O ESTUDO DA CONJUNTURA ECONÔMICA

NEIDE CÉSAR VARGAS
DANIEL PEREIRA SAMPAIO

INTRODUÇÃO

A dinâmica do capital no capitalismo contemporâneo se manifesta na realidade brasileira, especialmente após o Plano Real. Os esforços teóricos e históricos empreendidos pelo professor Paulo Nakatani, fundamentados na Economia Política, trouxeram contribuições importantes para a compreensão da realidade brasileira dessas três últimas décadas. Sua contribuição se deu na forma de palestras e aulas, textos publicados (artigos e capítulos de livro), mas, especialmente, por meio de participação e firme liderança no Grupo de Estudos e Pesquisas em Conjuntura, lócus privilegiado de um esforço coletivo de análise da economia brasileira e de formação de estudantes na Universidade Federal do Espírito Santo (Ufes).

Tais atividades acadêmicas ocorreram a partir de uma abordagem crítica, sendo a economia entendida como uma ciência social. O esforço de compreender a economia como uma ciência social pode ser atribuído ao movimento de renovação do ensino de economia marcado pela Resolução 11/1984 e pelo Parecer 375/1984, de Armando Dias Mendes, ao final do regime militar:

> Esse processo de mudança no conteúdo do ensino da economia, da concepção da economia como uma ciência exata para a economia como ciência social, principalmente o estudo de Marx, não seria possível se não fosse o período de crise profunda e de mudanças na economia e na sociedade brasileira. Além disso, contou com o devido engajamento e um enorme esforço de um grande número de professores, estudantes e profissionais interessados na renovação do ensino de economia. (Nakatani, 2021, p. 127)

Evidentemente tal perspectiva da economia sofreu pressões ao longo das décadas seguintes, especialmente com o agravamento da crise internacional e a adoção de políticas neoliberais no Brasil a partir da década de 1990. A despeito das pressões, o movimento de resistência foi coletivo, expresso, por exemplo, pela Associação Nacional dos Cursos de Graduação em Economia (Ange) e pela Sociedade Brasileira de Economia Política (SEP). Portanto, trata-se de lutas coletivas, das quais o professor Paulo Nakatani é um ator relevante.

O presente capítulo tem por objetivo destacar seus estudos sobre a realidade brasileira, com especial atenção para sua participação no Grupo de Estudos e Pesquisa em Conjuntura, fundado por ele e atuante na Ufes desde 1997.

Em consulta ao Currículo Lattes do professor Paulo Nakatani,[1] realizada no dia 25 de junho de 2023, encontramos 23 trabalhos relacionados diretamente à economia brasileira publicados no Brasil e no exterior, sendo 12 artigos publicados em periódicos, um livro, sete capítulos de livros e três artigos completos publicados em anais de eventos. Entre os principais coautores encontram-se Rosa Maria Marques, com 11 parcerias, e Fabrício Augusto de Oliveira, com oito. Tal produção tem um peso quantitativo menor, tendo em vista a produção do professor sobre capitalismo contemporâneo; não obstante, é qualitativamente relevante e impactante, sobretudo na projeção internacional de suas ideias.

Dentre os artigos selecionados, para os objetivos do presente capítulo, destaca-se o de Nakatani e Vargas (2000), que versa especificamente sobre a experiência do Grupo de Conjuntura da Ufes e sua importância para as atividades complementares no curso de graduação em economia. O artigo foi apresentado no Congresso da Ange no ano 2000.

Um alerta sobre a metodologia deste capítulo precisa ser feito. São utilizados documentos, tais como os *Boletins de Conjuntura*, o memorial para o cargo de professor titular do de Paulo Nakatani, além de artigos, capítulos de livros e livros. Também são utilizadas as perspectivas dos autores deste capítulo, os quais participaram de diferentes momentos e com diferentes experiências do Grupo de Conjuntura, o que confere ao texto, de certo modo, um caráter de relato de experiência ou, de outro modo, de depoimento.

---

[1] Evidentemente trata-se de um número aproximado, obtido com a observação dos títulos dos trabalhos, e não do conteúdo deles.

A economia brasileira em perspectiva: o estudo da conjuntura econômica

Para alcançar tais objetivos, o trabalho é organizado em duas seções, além desta introdução. Na primeira delas é destacado o papel de liderança do professor Nakatani à frente do grupo. No segundo momento são colocadas algumas reflexões e desafios acerca dos estudos em conjuntura econômica. Por fim, seguem as considerações finais.

O PAPEL FUNDAMENTAL DO PROFESSOR PAULO NAKATANI FRENTE AO GRUPO DE ESTUDOS E PESQUISA EM CONJUNTURA DA UFES

A presente seção tem, por um lado, o caráter de relato de experiência e depoimento, no sentido de expor a vivência dos autores em relação ao Grupo de Conjuntura, bem como o papel de liderança do professor Nakatani ao longo da existência do grupo. Para tal tarefa foi utilizada uma certa subjetividade dos autores na interpretação dos fatos. Por outro lado, a seção também se baseia em documentos – os próprios *Boletins de Conjuntura*[2] que foram produzidos e o memorial de professor titular de Nakatani (2015), além de outros trabalhos acadêmicos.

A despeito de ter coordenado e participado de muitos grupos de pesquisa ao longo de sua vida de professor universitário, o próprio Nakatani afirma em seu memorial:

> que um dos mais importantes trabalhos de pesquisa que organizei foi o Grupo de Estudos e Pesquisas em Conjuntura Econômica, junto com o professor Fabrício Augusto de Oliveira, em 1997, que trouxe e contribuiu com os seus conhecimentos do Centro de Conjuntura da Unicamp, do qual foi um dos fundadores. (Nakatani, 2015, p. 29)

Não sem razão ele assim se manifestou, pois a esse grupo o professor dedicou muito de seu empenho e de seu tempo, conforme será descrito mais detalhadamente a seguir. No entanto, de que trata o Grupo de Conjuntura? Qual sua importância?

Fundado em novembro de 1997, com a publicação do *Boletim de Conjuntura* de número 1, o grupo cumpria na época um papel múltiplo, o que lhe dá um caráter inovador até os dias atuais. Esses papéis envolveram, inicialmente:

---

[2] Os *Boletins de Conjuntura* podem ser acessados na página oficial do Grupo de Conjuntura: <https://blog.ufes.br/grupodeconjunturaufes/>.

1. o fortalecimento das linhas de pesquisa do mestrado em Economia da Ufes, com destaque para a área de Economia Brasileira;
2. a integração de professores, estudantes de pós-graduação e estudantes de graduação em Economia da Ufes;
3. a conjugação do tripé universitário de ensino, pesquisa e extensão;
4. por fim, mas que de fato tem sido a sua principal missão ao longo dos seus 26 anos de existência, promover a formação crítica de estudantes.

Evidentemente cabem algumas notas sobre a metodologia de funcionamento do grupo, que pode ter sofrido pequenas alterações ao longo do tempo, mas que manteve os elementos principais nesses 26 anos de existência. O Grupo de Conjuntura é formado por professores e estudantes que realizam reuniões periódicas e dialogadas para discutir os temas da conjuntura econômica e social, com ênfase no Brasil.[3] O grupo também promove palestras periódicas com especialistas sobre temas relevantes para a economia e a sociedade. Os estudantes são distribuídos em grupos temáticos[4] e são responsáveis pela elaboração periódica de um estudo, acompanhando os dados da conjuntura econômica, realizado coletivamente que é publicado com o nome de *Boletim de Conjuntura*.

Na frente de fortalecimento do mestrado em Economia da Ufes, o objetivo era criar e consolidar uma linha de pesquisa em Economia Brasileira, área de atuação do professor Fabricio Augusto de Oliveira, notório pesquisador em economia do setor público, economia brasileira e análise de conjuntura e ex-coordenador do Grupo de Conjuntura em Economia do Instituto de Economia da Universidade Estadual de Campinas (Unicamp). O grupo de professores que buscou fortalecer a linha de pesquisa em Economia Brasileira no mestrado em Economia da Ufes atuou nessa frente por cerca de cinco anos, contribuindo para a consolidação do mestrado por meio de dissertações, e, além disso, da formação e integração de estudantes de mestrado e de graduação em Economia.

O fortalecimento dessa linha de pesquisa e a integração entre estudantes podem ser ilustrados no livro do professor Oliveira (2012) intitulado

---

[3] A ênfase do Grupo de Conjuntura é nos estudos sobre a economia brasileira, mas já houve espaço para agregar temas da economia capixaba.

[4] Em geral, os grupos temáticos são: Política Econômica, Nível de Atividade, Empregos e Salários, Inflação, Política Fiscal, Política Monetária e Setor Externo.

Política econômica, estagnação e crise mundial, Brasil, 1980-2010, no qual ele afirma:

> A primeira parte [do livro, que trata da década de 1980] foi elaborada no final da década de 1990 quando atuei como professor visitante do Departamento de Economia da Universidade Federal do Espírito Santo e lá fui responsável por ministrar, para o curso de mestrado, a cadeira de Economia Brasileira. (Oliveira, 2012, p. 23)

No seu memorial, o professor Paulo Nakatani também esclarece a sua contribuição para a Economia Brasileira, que:

> recebeu um grande aprofundamento através dos estudos elaborados com o professor Fabrício Augusto de Oliveira e as pesquisas do Grupo de Conjuntura. Com o Fabrício, publiquei dois textos, 'The Real Plan. Price stability with indebtedness' no International Journal of Political Economy, da Universidade de Nova Iorque, em 2003; e 'Política Econômica Brasileira de Collor a Lula: 1990- 2007' no livro organizado por Rosa Maria Marques e Mariana Ribeiro Jansen Ferreira, 'O Brasil sob a nova ordem. A economia brasileira contemporânea. Uma análise dos governos Collor a Lula' publicado pela editora Saraiva em 2009. Fui editor convidado da International Journal of Political Economy, para elaborar um número especial da revista em 2003. (Nakatani, 2015, p. 21-22)

É importante destacar que professores de linha crítica, como Paulo Nakatani e o próprio professor Fabricio de Oliveira (como professor visitante), atuaram no mestrado em Economia até fins de 2002. Face a uma abrupta reversão da orientação desse programa numa direção ortodoxa, esses e outros professores vinculados ao Departamento de Economia foram praticamente obrigados a se retirar do Programa de Pós-Graduação em Economia (PPGEco) naquela ocasião. Como consequência, o Grupo de Conjuntura se desvinculou do PPGEco a partir da publicação do *Boletim de Conjuntura* de número 26, de fevereiro de 2003, encerrando a sua primeira fase de funcionamento.

Nessa fase, o Grupo de Conjuntura teve como coordenadores os professores Nakatani e Oliveira, o primeiro sustentando a coordenação junto aos estudantes, e o segundo contribuindo com a análise de política econômica, bem como as orientações de mestrandos, ministração da disciplina de Economia Brasileira no programa e publicações conjuntas.

Deve-se pontuar que a coordenação do Grupo de Conjuntura não era tarefa fácil, com destaque para a coordenação junto aos estudantes. Ela im-

Neide César Vargas e Daniel Pereira Sampaio

plicava em dedicação de tempo significativo para revisar textos e tirar dúvidas teóricas, estatísticas, de operação dos órgãos e mecanismos técnicos federais e mesmo de formatação, revisão e editoração dos textos por eles produzidos. O número de estudantes participantes do Grupo de Conjuntura chegou a aproximadamente 20 discentes, cuja orientação simultânea, inicialmente, cabia a Paulo Nakatani realizar. Além disso, seu trabalho envolvia viabilizar a editoração, impressão e distribuição dos boletins, na época disponibilizados em formato físico e produzidos com periodicidade bimensal e, por fim, consolidando-se numa periodicidade trimestral. Estabeleceu-se, como forma de divulgação do boletim impresso, uma lista de instituições, localizadas principalmente na Região Metropolitana da Grande Vitória, nas quais os próprios estudantes e professores faziam a entrega.

Ao longo dessa fase foram produzidos 25 boletins, sendo que apenas os de número 21, 22, 23 e 24 não contaram com a coordenação de Nakatani. Esses foram produzidos no período entre setembro de 2001 e julho de 2002, quando o professor se afastou do grupo para o pós-doutorado na Université Paris XIII, França, ocorrido entre setembro de 2001 e setembro de 2002, e tendo como supervisor o professor Pierre Salama. Nessa fase, participaram como apoiadores eventuais: o professor Mauricio Sabadini (que, a partir do *Boletim* 10, se incorporou à equipe), a professora Neide César Vargas (que participou dos *Boletins* de número 11, de novembro de 1999, até o 18, de fevereiro de 2001) e o professor Sebastião José Balarini, que reforçou a equipe a partir do *Boletim* 21, de setembro de 2001. Ao retornar de seu pós-doutorado, em outubro de 2002, o professor Paulo reassumiu a coordenação do grupo quando foi tomada a decisão de sua desvinculação ao programa de mestrado em Economia. Em toda essa etapa, contou com a colaboração, como revisores, da professora Ângela Maria Morandi e do professor Reinaldo Antônio Carcanholo.

Na nova fase, que se inicia em 2003 e vai até 2015, o professor Paulo parece ter buscado fortalecer a atuação do grupo junto aos estudantes de graduação e aos professores do Departamento de Economia. Reforçou-se o papel do grupo de integrar o tripé universitário (ensino, pesquisa e extensão), mas dessa vez, consolidando o seu papel de ensejar a formação crítica de estudantes de graduação.[5]

---

[5] Em vista da reforma curricular da época, o Grupo de Conjuntura também buscou se fortalecer como componente relevante na atribuição de carga horária para atividades complementares (Nakatani; Vargas, 2001).

A economia brasileira em perspectiva: o estudo da conjuntura econômica

Pelo exposto, pode-se dizer que esse momento reforçou ainda mais a identidade do Grupo de Conjuntura, bem como a sua especificidade. Esse, diferentemente de todos os demais grupos de conjuntura do país, colocou o estudante de graduação em Economia como protagonista na produção do *Boletim de Conjuntura*. Evidentemente, a produção do *Boletim* sempre foi supervisionada por professores, tendo a coordenação-geral do professor Paulo Nakatani. Não obstante, desde o início de seu funcionamento o grupo visava formar os estudantes no acompanhamento e análise da conjuntura local, nacional e internacional. Nas palavras do próprio professor Paulo, o grupo era:

> Organizado por áreas, cada uma delas era de responsabilidade de um grupo de estudantes, estes coletavam os dados, apresentavam nas reuniões semanais do grupo, elaboravam a primeira redação que era finalizada pela coordenação e publicada na forma de um boletim. (Nakatani, 2015, p. 30)

Nessa segunda fase, o desafio do grupo se ampliou bem como o esforço de coordenação e orientação e um dos apoios foi o Programa de Educação Tutorial (PET)[6] da Economia, na época coordenado pelo professor Reinaldo Carcanholo. O PET-Economia estabeleceu em suas regras que era importante participar do Grupo de Conjuntura como uma atividade regular dos estudantes participantes do Programa.

O apoio do PET-Economia foi fundamental, tendo em vista que não foi um período de fácil sustentação do grupo, que contava apenas com mais dois professores pesquisadores: Mauricio Sabadini e Sebastião José Balarini. Em 2005, com a saída do professor Balarini, o professor Paulo Nakatani buscou reforçar a equipe com a participação do professor visitante Alexis Saludjian e até mesmo com a participação do professor Rémy Herrera[7] (Sorbonne, CNRS, França), ocorrida no *Boletim* 35, de setembro de 2005. O Grupo de Conjuntura, através dos esforços do professor Paulo, também conseguiu nessa mesma edição a agregação ao grupo do professor do Departamento de Economia Luiz Jorge Vasconcelos Pessoa de Mendonça.

---

[6] O PET é formado por um grupo de estudantes de graduação coordenados por um professor tutor que realiza atividades de ensino, pesquisa e extensão. O PET-Economia da Ufes foi criado em 1992 pelo professor Reinaldo A. Carcanholo e tem relevância nacional. Atualmente o PET está vinculado à Secretaria de Educação Superior do Ministério da Educação.

[7] O professor Rémy Herrera foi orientador de doutorado do professor Mauricio Sabadini entre os anos de 2004 e 2008 na Univesité Paris 1 Pantheon-Sorbonne.

87

Mesmo com esses apoios, em 2005 ficou difícil sustentar o grupo, que sofreu com a paralisação das atividades e ficou sem atuar ao longo de 2006, ano que coincide com a participação do professor Paulo Nakatani na organização e coordenação de dois congressos que ocorreram nas dependências da Ufes: o I Encontro Nacional de Política Social (ENPS), promovido pelo Programa de Pós-Graduação em Política Social (PPGPS), e o XI Encontro Nacional de Economia Política (Enep), promovido pela SEP. Esses eventos envolveram vários professores do Departamento de Economia e de outros departamentos da Ufes, especialmente o de Serviço Social, e certamente dificultaram o funcionamento do Grupo de Conjuntura naquele momento. Não obstante, com certeza preocupava o professor a sobrevivência do grupo e a dificuldade de encontrar novos professores que pudessem aderir como professores pesquisadores e mesmo assumir a coordenação. A ideia precisava se manter viva.

Quem conhece o professor Paulo Nakatani sabe que ele não desiste fácil de suas ideias. Em 2007 ele conseguiu agregar quatro professores pesquisadores ao Grupo de Conjuntura: Vinícius Vieira Pereira, Adriano L. A. Teixeira, Ana Carolina Giuberti e Luiz Jorge V. P. Mendonça. Com esse reforço, o Grupo de Conjuntura voltou às atividades e publicou, em março de 2007, sob sua coordenação, o *Boletim 36*. Tratava-se de um número especial, tendo em vista que realizava um balanço da política econômica do primeiro Governo Lula.

A periodicidade trimestral de publicação do boletim foi mantida, o que não é simples, haja vista a já citada complexidade da produção, revisão, editoração e publicação. Logo em seguida, o professor Paulo Nakatani voltou a se ausentar do grupo e convidou para a coordenação a professora Ana Carolina Giuberti, responsável pela coordenação dos boletins 38 (agosto de 2007) e 39 (novembro de 2007), ambos com a mesma equipe de professores. Para os três boletins seguintes (40, de maio de 2008, 41, de junho de 2008, e 42, de agosto de 2008), contou ainda com o reforço da professora Neide César Vargas e o retorno do professor Nakatani, então na qualidade de apoio ao grupo, que ocorreu até o seu afastamento, em novembro de 2008, para novo pós-doutorado. Nakatani afastou-se pelo período de quatro meses (de novembro de 2008 a fevereiro de 2009) para a Universidade Complutense de Madrid, Espanha, sob a supervisão do professor Diego Guerrero. Em 2009, com seu retorno do afastamento e a saída da professora Ana Carolina

A economia brasileira em perspectiva: o estudo da conjuntura econômica

Giuberti do grupo, para cursar o doutorado, o professor Nakatani seguiu coordenando o Grupo de Conjuntura nos boletins 44, 45 e 46. Ele insistiu na periodicidade trimestral até setembro de 2009, data de sua última participação no papel de coordenador. Após esse boletim, retirou-se do grupo com a expectativa de que, enfim, alguém assumisse a coordenação de forma permanente.

Não obstante, em 2010 só se produziu um único boletim, o 47 (outubro); maneira temporária, a professora Neide César Vargas assumiu a coordenação e colaboraram, como professores pesquisadores, Helder Gomes, Luiz Jorge V. P. Mendonça, Maurício de Souza Sabadini e Renata Couto Moreira. Entre os anos de 2011 e 2012 nenhum boletim foi produzido, mostrando como são difíceis de serem sustentadas iniciativas exclusivamente voltadas para a formação de estudantes de graduação.

Com o retorno do doutorado da professora Ana Carolina Giuberti, o Grupo de Conjuntura retornou sob sua coordenação. Em março de 2013 foi produzido o *Boletim* 48 com a participação dos professores pesquisadores Helder Gomes e Neide César Vargas. A partir de então foi tomada a decisão de publicação de edições semestrais. Visando apoiar novamente a ideia, o professor Paulo Nakatani ainda participou como coordenador de apoio em mais quatro boletins; após essa contribuição, sua participação no grupo se encerrou como coordenador ou professor pesquisador, embora continue apoiando a iniciativa e contribuindo com participações especiais, como palestras. Somaram-se ao Grupo de Conjuntura os professores Maurício Sabadini e Luiz Jorge V. P. de Mendonça, viabilizando a produção do *Boletim* 49, em outubro de 2013. Posteriormente, agregaram-se ao projeto os professores Adriano Lopes Almeida Teixeira e Renata Couto Moreira, além do professor visitante espanhol Luis Enrique Casais Padilla, que participaram dos boletins 50 (março de 2014), 51 (novembro de 2014) e 52 (maio de 2015).

Essa segunda longa fase do Grupo de Conjuntura envolveu a produção de 36 boletins, dos quais o professor Paulo coordenou 27 e atuou como apoio em outros sete. Apenas dois boletins foram feitos sem sua participação. Considerando as duas primeiras fases, foram produzidos 52 boletins, 48 deles sob coordenação do professor Paulo. Mesmo com o anúncio de sua saída em definitivo, o Grupo de Conjuntura permaneceu com suas atividades no que podemos chamar de terceira fase.

A professora Neide Cesar Vargas coordenou o grupo de novembro de 2015 até fins de 2019, mantendo até essa data a estrutura original criada pelo professor Paulo Nakatani. É importante ressaltar que, em 2017, por ocasião dos 20 anos de aniversário do Grupo de Conjuntura, foram realizadas atividades de celebração, como uma palestra em homenagem aos fundadores, Paulo Nakatani Fabrício Augusto de Oliveira, e a organização de um livro, que por motivos editoriais só foi publicado em 2021 (Vargas; Sampaio; Braga, 2021). Desde o final de 2019 o grupo tem sido coordenado pelo professor Vinicius Pereira. Durante esse período vários professores pesquisadores participaram do Grupo de Conjuntura, porém com rotatividade mais elevada. O último número do *Boletim de Conjuntura* é o 67 e foi publicado no início de 2023.[8] O Grupo de Conjuntura completa este ano, em novembro de 2024, 27 anos de fundação.

Nesses quase 27 anos de existência passaram por ele mais de 1.200 alunos de graduação. Nos 67 boletins é possível verificar que se trata de um projeto coletivo, em que há a predominância da perspectiva crítica na análise dos dados e interpretação da realidade brasileira, contribuindo para o processo de formação e atualização dos estudantes. Vários deles se tornaram professores universitários, funcionários públicos, economistas do setor privado, entre outros. Vários deles ainda estão no Grupo de Conjuntura como estudantes de graduação, iniciando sua trajetória formativa e profissional. Em geral, os ex-participantes retratam, com carinho, as suas passagens pelo grupo.

GRUPO DE CONJUNTURA NA CONJUNTURA ECONÔMICA BRASILEIRA E ALGUMAS POSSIBILIDADES E DESAFIOS PARA OS ESTUDOS DA CONJUNTURA

Mas, de fato, o que é análise de conjuntura? Herbert de Souza, o Betinho, em livro clássico sobre análise de conjuntura e referência histórica do grupo, sinaliza:

> A análise de conjuntura é uma mistura de conhecimento e descoberta, é uma leitura especial da realidade e que se faz sempre em função de algu-

---

[8] Evidentemente, durante a pandemia de covid-19, o Grupo de Conjuntura teve de reestruturar suas atividades diante do quadro da crise sanitária. Apesar das dificuldades, manteve a publicação periódica dos boletins e o processo formativo dos estudantes.

A economia brasileira em perspectiva: o estudo da conjuntura econômica

> ma necessidade ou interesse. Nesse sentido, não há análise de conjuntura neutra, desinteressada: ela pode ser objetiva, mas estará sempre relacionada a determinada visão do sentido e do rumo dos acontecimentos. (Souza, 1984, p. 8)

O Grupo de Conjuntura inicia as suas atividades em novembro de 1997, com a publicação do *Boletim de Conjuntura* número 1. É importante ressaltar que o contexto econômico da época remonta ao início do esgotamento da âncora cambial do Plano Real, que só foi alterada no dia 1 de janeiro de 1999. Naquele momento, o Grupo de Conjuntura já sinalizava para as contradições do capitalismo pós-1990 (Nakatani, 2021) e da política econômica vigente, que seguia as orientações do Consenso de Washington (Filgueiras, 2006; Batista, 2009) e a estratégia do Plano Real (Oliveira, 2012) via âncora cambial. A intensa fuga de capitais, o crescimento da dívida pública, o baixo dinamismo da atividade econômica e o elevado desemprego eram sinais do esgotamento de um determinado modelo de política econômica que, num primeiro momento, era celebrado por ter conseguido derrotar a hiperinflação.

No decorrer de seus 26 anos de história, o Grupo de Conjuntura acompanhou a política econômica e seus efeitos na sociedade em nove governos de diferentes presidentes da República[9] e de diferentes partidos políticos. Mesmo com certa variação ao longo do tempo, a política econômica manteve-se orientada pela lógica neoliberal, voltada para a criação e expansão dos mercados, especialmente o financeiro e especulativo. Nesse sentido, é necessário recordar o papel que o Estado e a política econômica têm no processo de promover a acumulação de capital no país.

Durante o período de estudos realizados pelo Grupo de Conjuntura, a economia brasileira se viu diante da já relatada crise do modelo de estabilização monetária do Plano Real baseado na âncora cambial e também da crise do financiamento do balanço de pagamentos em 1998. Desde meados de 1999 o Brasil se vê marcado pela mesma política macroeconômica, a do tripé macroeconômico, configurado pela taxa de câmbio flutuante, meta de superavit primário e sistema de metas de inflação. Ao longo dos 24 anos de existência do tripé macroeconômico, o marco institucional pouco se alterou, embora na

---

[9] Fernando Henrique Cardoso (1995-1998), Fernando Henrique Cardoso (1999-2002), Lula (2003-2006), Lula (2007-2010), Dilma (2011-2014), Dilma (2015-2016), Temer (2016-2017), Bolsonaro (2018-2022), Lula (2023-atual).

prática se mantivesse ora mais rígido, ora mais frouxo no que tange ao alcance das metas de inflação, do superavit primário, do nível da dívida pública, da taxa de inflação ou quanto à determinação da taxa Selic.

O Grupo de Conjuntura acompanhou também a eleição do primeiro presidente operário e da primeira mulher presidenta do Brasil, e a opção deles pela continuidade da política econômica neoliberal. Observou e estudou a retomada do crescimento econômico no início do século XXI, do *boom* internacional de *commodities*, do baixo desemprego, do crescimento do consumo e do investimento (privado e público).

Em especial, durante a existência do grupo, destaca-se a ocorrência da crise internacional de 2008, que ainda não foi resolvida. O grupo acompanhou, após o fim da primeira década do século XXI, o declínio do modelo de crescimento, das alterações nos pactos políticos dos governos do Partido dos Trabalhadores e a conformação de uma "nova década perdida" (2011-2020). Discutiu a dinâmica econômica na pandemia, seus principais resultados, mesmo com os desafios impostos pelo distanciamento social e pelo ensino remoto. A história do Brasil contemporâneo e dos jovens que ingressam na universidade se confunde, portanto, com a própria história do Grupo de Conjuntura.

O acompanhamento das estatísticas econômicas produzidas pelos órgãos oficiais do governo e a busca de explicações para elas com a consulta a jornais, revistas, relatórios de pesquisa e trabalhos especializados, junto a uma perspectiva crítica do funcionamento da economia capitalista, auxiliaram, ao longo dos anos, a produção dos boletins. Eles tratam de análises sobre a realidade brasileira em diferentes momentos da conjuntura nacional e internacional, mais especificamente usando a seguinte subdivisão:

– Nível de atividade: compreender os determinantes do crescimento do Produto Interno Bruto (PIB) e seus componentes, do comércio e do varejo, entre outros;

– Empregos e salários: estudar indicadores do mercado de trabalho, tais como taxa de desemprego, salários reais, diferentes inserções no mercado de trabalho por raça, sexo, entre outros;

– Inflação: pesquisa dos principais indicadores de inflação e de custo de vida do país, tais como o Índice de Preço ao Consumidor Amplo (IPCA), Índice Nacional de Preços ao Consumidor (INPC), Índice Geral de Preços (IGP), custo da cesta básica, entre outros;

Setor público: acompanhar as receitas e despesas do governo, o acompanhamento das metas fiscais e a evolução da dívida pública;

Política monetária: estudar a dinâmica do crédito, da taxa de juros, dos agregados monetários, dentre outros;

Setor externo: analisar a relação do Brasil com o resto do mundo em relação à dinâmica das importações e das exportações, dos fluxos internacionais, entre outros;

Economia capixaba: quando possível, inclui nos estudos dados relativos à dinâmica regional capixaba, tendo em vista que nela estão localizados a Ufes e o Grupo de Conjuntura.

Nesse sentido, a análise de conjuntura deve se posicionar em relação às necessidades dos grupos sociais, explicar a realidade e buscar alternativas. Trata-se, na leitura de Betinho, de um esforço de mobilização coletiva para que se busque compreender as contradições da realidade social e as formas e alternativas de superá-las. Assim, a análise de conjuntura se coloca como uma forma de resistência, especialmente em relação ao individualismo metodológico.

Em que pese a complexidade da condução do Grupo de Conjuntura, cabe reforçar também a complexidade dos temas tratados e dos indicadores econômicos e sociais a serem acompanhados para a compreensão da realidade brasileira desde uma perspectiva crítica.

Contudo, visamos, por fim, aqui colocar alguns desafios para a análise de conjuntura, especialmente no contexto atual. Evidentemente trata-se de uma primeira aproximação ao tema, o qual não pretendemos esgotar no presente capítulo.

Pode-se ter atenção em relação à aceleração do tempo histórico e da difusão das informações das análises, especialmente sem verificação, em redes sociais. Confere aqui um destaque para a disseminação de *fake news* ou análise aligeiradas que podem conferir certa superficialidade, confusão ou imprecisão na busca das explicações dos fenômenos estudados da conjuntura econômica.

Outro aspecto está relacionado com a disponibilização de microdados ou *big data* que permitem a atualização, quase em tempo real, de informações econômicas e sociais. Por outro lado, observa-se certo esvaziamento da produção e difusão de estatísticas oficiais que não permitem observar, com maior precisão, o movimento e as transformações da economia brasileira. Além disso, cabe destacar as constantes mudanças de metodologia das pesquisas que, por um lado, aprimoram a mensuração dos agregados macroeconômicos, mas, por outro, podem gerar incompatibilização de séries históricas.

Em meio às transformações econômicas e sociais é possível considerar como um desafio a introdução de novos temas relevantes sobre análise de conjuntura, tais como saúde, educação, desigualdade, gênero, raça[10] e meio-ambiente. Trata-se de temas importantes, especialmente quando se considera o avanço do neoliberalismo nessas áreas e as possibilidades de inserção do economista em outras áreas do conhecimento.

Por fim, buscar maior aproximação com a sociedade e movimentos sociais a fim de que se possa ampliar a inserção social da universidade, complementar a formação dos estudantes e contribuir para a transformação da realidade social.

CONSIDERAÇÕES FINAIS

O Grupo de Conjuntura conseguiu se adaptar a diferentes momentos da realidade social brasileira, atuando ao mesmo tempo como mecanismo de resistência ao *mainstream* econômico e de difusão do pensamento crítico. Nesse sentido, é possível afirmar que a ideia original proposta pelos professores Paulo Nakatani e Fabrício de Oliveira permanece viva e ativa.

Cabe retomar, por fim, o seu papel no processo de formação de estudantes, especialmente os de graduação. Aliar teoria e prática, desenvolver ou aprimorar habilidades, buscar respostas para os problemas sociais, especialmente da dinâmica macroeconômica. Vida longa ao Grupo de Conjuntura!

REFERÊNCIAS

BATISTA, Paulo Nogueira. O Consenso de Washington: a visão neoliberal dos problemas latino-americanos. *In:* BATISTA JR., Paulo Nogueira (org.). *Paulo Nogueira Batista:* pensando o Brasil. Ensaios e palestras. Brasília: Fundação Alexandre de Gusmão, 2009.

FILGUEIRAS, Luiz. O neoliberalismo no Brasil: estrutura, dinâmica e ajuste do modelo econômico. *In:* BASUALDO, Eduardo; ARCEO, Enrique (org.). *Neoliberalismo*

---

[10] O tema de raça e sexo foi introduzido no Grupo de Conjuntura especialmente no acompanhamento das estatísticas de empregos e salários.

A economia brasileira em perspectiva: o estudo da conjuntura econômica

y sectores dominantes: tendencias globales y experiencias nacionales. Buenos Aires: Clacso, 2006.

NAKATANI, Paulo. "A formação dos economistas e a economia política no Brasil". *Revista da Sociedade Brasileira de Economia Política,* Niterói (RJ), n. 59, edição especial, p. 117-135, mai.-jun. 2021.

NAKATANI, Paulo. Contradição e crises do capitalismo após 1990. *In:* VARGAS, Neide César; SAMPAIO, Daniel Pereira; BRAGA, Henrique (org.). *Economia brasileira:* 20 anos de conjuntura. Vitória: Edufes, 2021.

NAKATANI, Paulo. *Memorial.* Memorial Acadêmico (Concurso para Professor Titular Classe E) – Centro de Ciências Jurídicas e Econômicas, Universidade Federal do Espírito Santo, Vitória, 2015.

NAKATANI, Paulo; VARGAS, Neide César. O grupo de conjuntura: a experiência da Universidade Federal do Espírito Santo em atividades complementares. *In:* CONGRESSO DA ANGE, XV ed., 2000, Anais... Natal.

OLIVEIRA, Fabrício A. de. *Política econômica, estagnação e crise mundial, Brasil, 1980-2010.* Rio de Janeiro: Azougue, 2012.

SOUZA, Hebert José de. *Análise de conjuntura.* Petrópolis (RJ): Vozes, 1984.

VARGAS, Neide César; SAMPAIO, Daniel Pereira; BRAGA, Henrique (org.). *Economia brasileira:* 20 anos de conjuntura. Vitória: Edufes, 2021.

CAPITALISMO, ESTADO E POLÍTICAS SOCIAIS

Rosa Maria Marques

A TÍTULO DE PREÂMBULO

Participar deste *Festschrift* em homenagem a Paulo Nakatani é uma imensa alegria, mas, ao mesmo tempo, fonte de angústia, de receio de não estar à altura da responsabilidade que me foi conferida. Além de amigo de décadas e de parceiro na vida acadêmica, compartilho com ele uma visão de mundo que tece uma crítica radical ao capitalismo contemporâneo e busca, a partir da análise de suas contradições, apontar para a construção de um mundo melhor, no qual a humanidade possa desenvolver plenamente suas capacidades e conviver harmonicamente com a natureza.

O primeiro contato que tive com Paulo Nakatani ocorreu em 1976, quando, recém-formada, fiz o curso de especialização em Problemas de Desenvolvimento Econômico e Social, organizado pela Pontifícia Universidade Católica do Rio Grande do Sul (PUC-RS) e ministrado nas dependências da Fundação de Economia e Estatística, onde trabalhava. Nele, Nakatani foi meu professor, o que atesta seu precoce potencial e comprometimento em procurar soluções para os desafios que a realidade brasileira colocava (e ainda coloca). Precoce porque, em termos de idade, poucos anos nos diferenciam. De lá para cá, os caminhos foram se cruzando em diferentes momentos, e o resultado desse caminhar deu lastro à nossa amizade e parceria.

O tema a mim designado pelos organizados deste *Festschrift* foi o das políticas sociais, isto é, para, nessas poucas páginas, discorrer sobre a contribuição de Paulo Nakatani para esse campo no Brasil. Sua contribuição tem várias dimensões – desde seu papel fundamental na criação e consolidação do Programa de Pós-Graduação em Políticas Sociais junto à Universidade Federal do Espírito Santo (Ufes), passando pela formação dos pesquisadores e pelo estabelecimento de vínculos com instituições brasileiras e estrangeiras, até a formulação de bases teóricas sólidas para o entendimento dos

Rosa Maria Marques

determinantes e dos limites das políticas sociais existentes nos países ditos desenvolvidos e nos países periféricos e dependentes, como o Brasil. É sobre essa última contribuição que vou me deter, procurando aqui sintetizar posição expressa durante os debates ocorridos no âmbito de pesquisas realizadas em parceria com a Facultad de Economía da Universidad de la Habana, com a Escuela Latinoamericana de Estudios de Postgrado Universid de Arte y Ciencias Sociales, o Programa de Pós-Graduação em Políticas Sociais da Ufes, o Programa de Pós-Graduação em Economia Política da Pontifícia Universidade Católica de São Paulo (PUC-SP), o Programa de Pós-Graduação em Serviço Social da PUC-RS e o Programa de Pós-Graduação em Psicologia Social e Institucional da Universidade Federal do Rio Grande do Sul (UFRGS).

A EMERGÊNCIA DO SOCIAL

É preciso manter a perspectiva histórica para se compreender que a pobreza, o desemprego, a carência, a doença, a perda de vigor na velhice, entre outras mazelas a que as pessoas estão submetidas ao longo de sua vida e que, em termos técnicos, são nomeadas de "risco" só foram consideradas como uma questão com o advento do capitalismo. Antes disso, sequer havia, por exemplo, a ideia de desemprego (Castel, 2012; Gautié, 1998), um dos flagelos intrínsecos ao modo de produção capitalista.

Dessa forma, o conceito de desemprego é historicamente determinado e não se apresenta de forma igual em todos os países, a despeito dos esforços da Organização Internacional do Trabalho em padronizar seu entendimento e aferição. Ademais, o conceito de desemprego modificou-se ao longo do capitalismo, expressando entendimento diversos. Desempregado é o trabalhador que perdeu o emprego ou compreende também aquele que nunca trabalhou e que, mesmo procurando um serviço não o encontra? Desempregado é somente aquele que busca emprego diariamente ou inclui aquele que já desistiu de procurá-lo? Longos períodos separam as respostas a essas e a outras perguntas, mas não há dúvida de que os principais avanços em matéria de definição do que é o desemprego se concentram no século XX. Mesmo assim, segundo Oshiro e Marques (2016, p. 293):

> As respostas às perguntas do que é o desemprego, como se mede e, consequentemente, o que é o desemprego, podem ser diversas e distintas. Variam

da negação do desemprego involuntário, situação em que as pessoas são responsabilizadas por sua condição de não ter trabalho, à vitimização dos desempregados, fator que implica ações coletivas ou estatais para amenizar o fenômeno, o incômodo e os efeitos sociais.

A ausência da ideia de desemprego no período anterior ao capitalismo (e mesmo durante a transição do feudalismo a esse modo de produção) expressava o fato de as bases materiais e as relações de produção dominantes serem diferentes das do capitalismo, pois o assalariamento não se constituía como a forma principal de acesso aos bens e serviços necessários para a manutenção e reprodução da vida.

Nesse período, os riscos a que a população estava sujeita, tais como velhice, doença, acidente incapacitante e mesmo maternidade, eram respondidos com os cuidados da família estendida e pela comunidade. Nas cidades, em parte as corporações de ofício cumpriam o papel de prover na adversidade, para quem delas participava. Já no caso da fome e da pobreza, derivadas da sujeição de uma economia fundamentalmente agrícola aos caprichos do clima, não havia o que fazer, a não ser que a quebra da safra fosse pontual e localizada, podendo ser respondida com o apoio das comunas mais próximas e mesmo por parte do senhor feudal. Em outras palavras, a fome e a pobreza não eram fruto das relações de produção dominantes da época, e sim de um fator externo, sob o qual os homens não tinham conhecimento e, portanto, controle.

Em Marques (1997; 2015), já tratei da formação dos sistemas de proteção social, isto é, do período em que o social passou a ser considerado uma questão a ser cuidada e/ ou resolvida pelo Estado. Por isso, no espaço deste pequeno texto, vou apenas resumir suas principais ideias para, depois, reforçar a hipótese de que, sob o capitalismo, quando não se apresenta de forma viva a organização dos trabalhadores, o lugar das políticas sociais na agenda das classes dominantes é quase inexistente, apenas se manifestando de maneira residual e para manter sua dominação sobre os trabalhadores.

Na origem da proteção social, encontram-se os mecanismos de ajuda mútua que foram criados pelos trabalhadores como forma de preencher o vazio ocasionado pela destruição das antigas formas de solidariedade associadas às corporações de ofício e à vida no campo; destruição que foi provocada pelo rápido crescimento da indústria e das cidades. Esses mecanismos também constituíam garantia mínima para que os trabalhadores pudessem não ficar completamente à mercê das condições de trabalho e salário ofe-

Rosa Maria Marques

recidas pelos capitalistas, muitas vezes sendo fundamentais para que uma greve fosse realizada, tal como nos ensina a literatura francesa. A existência desse tipo de proteção social bem como sua capacidade de prover a cobertura a que se propunha dependiam do grau de organização que os trabalhadores, reunidos por ramos de atividade, logravam alcançar nas fases iniciais do processo de industrialização.

Na época, o Estado estava ausente de qualquer iniciativa nessa área. As "casas de trabalho", longe de serem instrumentos de integração ou de assistência social, constituíam uma poderosa ferramenta de disciplinamento da força de trabalho (Castel, 1995). Mais tarde, dada a omissão do Estado, alguns empresários preocuparam-se em garantir uma cobertura mínima dos principais riscos e necessidades de seus trabalhadores; em alguns casos, suas ações abrangiam o fornecimento de moradia e educação aos filhos dos trabalhadores, com isso fixando os "seus" trabalhadores.

A responsabilização pela organização e gestão da proteção social por parte do Estado somente aconteceu quando do crescimento da organização independente dos trabalhadores (Esping-Andersen, 1991). Isso ocorreu no início do século XX, fase que corresponde à gestão taylorista da força de trabalho. Nesse quadro, a exceção fica por conta da Alemanha, onde a legislação previdenciária data dos anos 80 do século XIX. Na leitura desse autor, a iniciativa de Bismarck tinha clara intenção de desmobilizar e cooptar a forte organização dos trabalhadores alemães.[1]

Entender que o Estado se preocupou em organizar sistemas de proteção social pressionado pela organização dos trabalhadores não implica desconsiderar o papel que esses sistemas tiveram na própria formação do assalariamento. Segundo Lenhardt e Offe (1984), o trabalho assalariado tornou-se atraente somente quando os riscos a ele associados passaram a ser cobertos, mesmo que de forma parcial. E foi isso que possibilitou a transformação em massa dos despossuídos em assalariados:

> Do ponto de vista sociológico, nada indica que os indivíduos atingidos por essa 'desapropriação' das condições de utilização do seu trabalho ou de outras condições de subsistência, transitem espontaneamente para o estado da proletarização 'ativa', isto é, passem a oferecer sua força de trabalho nos mercados de trabalho. (Lenhardt; Offe, 1984, p. 15-16)

---

[1] Para ter ideia da força organizativa dos trabalhadores alemães na época, ver Engels (1973).

Capitalismo, Estado e políticas sociais

A participação do Estado na construção da proteção social acontece em momentos diferentes nos diversos países, acompanhando de perto o desenvolvimento desigual da indústria e da organização dos trabalhadores. Já a incorporação dos riscos na cobertura da proteção social deu-se de forma mais ou menos semelhante em todos os lugares, com clara precedência, sobre os demais, do acidente de trabalho, da velhice e da invalidez. Em relação ao grau de cobertura e à forma de financiamento, a proteção caracterizava-se por estar dirigida apenas aos trabalhadores urbanos e por utilizar as contribuições de empregados e empregadores como fonte de recursos. Destaca-se, ainda, que o regime de custeio era de capitalização coletiva, não havendo, portanto, benefícios definidos.

A CENTRALIDADE DO SOCIAL

Uma segunda fase ou período digno de nota da construção dos sistemas de proteção tem início ao término da Segunda Guerra Mundial, quando as normas fordistas de produção e o consumo de massa tornam-se os pilares da acumulação capitalista. Com diferenças nacionais, se pode dizer que a proteção social erigida nas décadas que se seguem ao fim dessa guerra foram a ampliação paulatina da cobertura para novos segmentos de trabalhadores ou populacionais e a incorporação de novos riscos e problemas sociais como objeto de sua ação. É nesse período, conhecido como *Welfare State* (WS), que ocorre a universalização da cobertura para o conjunto da população e o alargamento do próprio conceito de proteção. Além da garantia de renda em caso de desemprego, alguns países chegaram a incluir a habitação, os cuidados relativos a crianças pequenas e a reciclagem da mão de obra. Em termos de regime de custeio da aposentadoria, onde o financiamento tinha como fonte a contribuição houve a substituição da capitalização coletiva pela repartição simples, significando a adoção da solidariedade entre gerações.

Esse período, que compreende 30 anos, é aquele em que o social adquiriu centralidade na agenda da imensa maioria dos governos. É preciso entender seus múltiplos determinantes. Em Marques (2015, p. 14), escrevi:

> As bases materiais para o desenvolvimento do WS foram propiciadas pelo rápido crescimento das economias dos países avançados e pela expansão do assalariamento em todas as esferas da atividade humana. Já em termos políticos, fundamental para o processo de decisão, foi determinante o papel desempenhado pela então União Soviética na derrota da Alemanha nazista,

> o surgimento de outros Estados socialistas no Leste e a importância das representações políticas dos trabalhadores na composição de vários governos no imediato pós-guerra. (Przeworski, 1989, Hobsbawm, 1995)

Esses 30 anos constituíram um verdadeiro "ponto fora da curva", como se costuma dizer, da trajetória do capitalismo: do ponto de vista econômico, eles foram sustentados pela adoção generalizada dos métodos tayloristas e fordistas na organização do trabalho, o que viabilizou a produção seriada e elevou a produtividade a níveis antes impensáveis; do ponto de vista social, o concerto estabelecido entre governo, empregadores e trabalhadores, mediante suas direções e organizações tradicionais, além de permitir a adoção desses métodos, estabeleceu que parte do aumento da produtividade se revertesse em salários reais crescentes e que a proteção social fosse organizada pelo Estado. Ele ampliou cada vez mais a cobertura da proteção social junto à população não só pela ampliação do assalariamento, mas também por uma alteração da própria "missão" da proteção. E a proteção social deixou de ser entendida como aquela que somente protegia, em termos de renda e cuidados, os riscos associados a velhice, morte, doença, acidente e desemprego, passando a abraçar outras dimensões da vida e cuidados, tais como habitação, infância e adolescência, como mencionei anteriormente.

Ao final desse período, o princípio da cidadania havia se sobreposto ao da meritocracia (quando o acesso a benefícios, ações e serviços da proteção social eram dirigidos somente aos trabalhadores). Tratava-se de conceder proteção social à população em geral, e não somente àqueles que eram assalariados e tinham emprego. Isso se traduziu no avanço da participação dos impostos no financiamento. Para se ter uma ideia, mesmo hoje, depois de décadas de neoliberalismo e, portanto, de avanço contra a proteção social desenvolvida nos tempos do WS, 20% dos recursos da previdência pública francesa são lastreados com recursos fiscais não contributivos.

Esse período "especial" do capitalismo, fruto da combinação de determinantes que dificilmente irão se repetir, teve fim quando os ganhos de produtividade começaram a ser menores, embora positivos. Isso ocorreu como resultado do esgotamento relativo, do ponto de vista técnico, dos métodos de organização do trabalho outrora revolucionários, mas também da situação de quase pleno emprego que havia sido atingida, de modo a conceder um certo descompromisso dos trabalhadores com a qualidade e precisão exigida pela produção seriada (Marques, 1990). A resposta do capital não

Capitalismo, Estado e políticas sociais

se fez tardar, mas antes foi necessário infringir duras derrotas aos trabalhadores, invertendo a correlação de forças na luta de classes vigente, que era favorável a eles.

SOB O TACÃO DO CAPITAL A JUROS E A DESTRUIÇÃO DO SOCIAL

No espaço dessa pequena contribuição, não é possível me estender sobre o processo que levou o capital a retornar ao centro das relações econômicas e sociais da sociedade capitalista e tampouco descrever os impactos que essa centralidade tem sobre o investimento produtivo, o nível de emprego e renda, e mesmo sobre a subjetividade das pessoas, pois sua expressão ideológica e política promove o individualismo e ataca com todas suas forças a ideia do coletivo.[2] Para o objetivo que aqui me propus, basta lembrar que o capital hoje dominante se expande e se acumula sem se envolver com a produção (e mesmo com a circulação) de mercadorias – e, por isso, é nomeado como capital fictício.

Tampouco é possível descrever o mercado de trabalho resultante da atuação desse capital e da introdução de novas tecnologias, cujos resultados são apropriados quase que exclusivamente pelos capitalistas, que têm seu lucro majoritariamente oriundo de suas atividades. De maneira breve, lembro que o desemprego, que havia desaparecido da preocupação dos trabalhadores durante aqueles 30 anos, voltou a se apresentar como uma das possibilidades de existência dos trabalhadores. Ao mesmo tempo, o trabalho chamado precário e a informalidade, antes restritos aos países da periferia do sistema, constitui uma realidade crescente dos trabalhadores em todo o mundo.

Para o capital fictício, mesmo do ponto de vista macro, não há motivo para existirem políticas sociais tais como aquelas que foram pensadas no período do WS (e, no seu ápice, entendidas como direitos decorrentes da cidadania). Esse capital preocupa-se, isso sim, em transformar os sistemas públicos, mais ou menos universais, em fundos de pensão e em planos de saúde, duas atividades que lhe rendem grandes ganhos e nos quais reina o princípio da meritocracia. A presença do Estado na organização e no financiamento da esfera social se restringe àquela dirigida aos muito pobres e

---

[2] Para mais detalhes sobre isso, ver Nakatani e Marques (2020).

Rosa Maria Marques

àquelas atividades que, caso não sejam realizadas a contento, podem colocar em risco a soberania nacional. Entre essas últimas, destaco, tal como o episódio da pandemia de covid-19 demonstrou, a necessidade de os Estados nacionais manterem certa autonomia quanto à pesquisa e ao desenvolvimento de vacinas e a parte da indústria da saúde, para não ficarem reféns da especialização de alguns países nessas áreas. A preocupação em desenvolver certos programas dirigidos aos mais pobres deve-se à necessidade de manter a coesão social, sem a qual sua dominação (e das demais classes possuidoras) seria cada vez mais difícil, a não ser que o exercício da força fosse estabelecido sem nenhuma mediação.

Essa realidade revela, sem subterfúgio, a natureza do Estado, principal instrumento de dominação das classes capitalistas. Reconhecer essa natureza é fundamental. Isso não significa negar a importância das políticas sociais na manutenção e reprodução da vida. Ao contrário. Mas essas lutas ganham densidade quando se compreende que foi um conjunto de circunstâncias que levou à construção dessas políticas, circunstâncias nas quais não faltou a presença dos trabalhadores organizados lutando pela ampliação do social e dos direitos. Aliás, essa presença foi fundamental.

A necessidade dessa luta ganhará proporções ainda maiores nas próximas décadas, dado que a deterioração do meio ambiente deve provocar piora das condições de vida principalmente dos mais pobres. Além disso, a potencialidade do uso da Inteligência Artificial (IA) deve ter enormes impactos sobre o nível de emprego, resultando em ganhos de produtividade que permitam e a eliminação da força de trabalho. Tal como ocorreu depois da Segunda Guerra Mundial, os ganhos de produtividade da IA devem ser socializados para o conjunto da população, não somente via salários, mas reduzindo significativamente a jornada de trabalho (da semana e da vida), o que deve ser combinado com a construção de novas políticas sociais. Essas, além de cobrir riscos a que todos estão submetidos, devem prover as necessidades de um(a) cidadão(ã), o que envolve o acesso à cultura e ao lazer.

REFERÊNCIAS

CASTEL, R. *As metamorfoses da questão social:* uma crônica do salário. 10. ed. Petrópolis (RJ): Vozes, 2012.

ENGELS, Friedrich. Introducción. *In:* MARX, Karl. *Las luchas de clase en Francia de 1848 a 1873.* Buenos Aires: Anteo, 1973.

ESPING-ANDERSEN, Gosta. "As três economias políticas do *Welfare State*". *Lua Nova*, São Paulo, Cedec, n. 24, p. 85-115, set. 1991.

GAUTIE, Jerôme. "Da invenção do desemprego à sua desconstrução". *Mana*, Rio de Janeiro, v. 4, n 2, out.1998. Disponível em: http://www.scielo.br/scielo.php?script=sci_arttext&pid=S0104-93131998000200003&lng=en&nrm=iso. Acesso: 10 mai. 2023.

HOBSBAWM, Eric. *Era dos extremos:* o breve século XX, 1914-1991. São Paulo: Companhia das Letras, 1995.

LENHARDT, Gero; OFFE, Claus. Teoria do Estado e política social: tentativas de explicação político-sociológica para as funções e os processos inovadores da política social. *In:* OFFE, Claus. *Problemas estruturais do Estado capitalista.* Rio de Janeiro: Tempo Brasileiro, 1984.

MARQUES, Rosa Maria. *A automação microeletrônica e o trabalhador:* as mudanças na organização do trabalho na indústria automobilística. São Paulo, Bienal, 1990.

MARQUES, Rosa Maria. *A proteção social e o mundo do trabalho.* São Paulo, Bienal, 1997.

MARQUES, Rosa Maria. "O lugar das políticas sociais no capitalismo contemporâneo". *Argumentum*, Vitória (ES), v. 7, n. 2, p. 7-21, jul.-dez.2015.

NAKATANI, Paulo; MARQUES, Rosa Maria. *Capitalismo em crise.* São Paulo: Expressão Popular, 2020.

PRZEWORSKI, Adam. *Capitalismo e social-democracia.* São Paulo: Companhia das Letras, 1989.

PAULO NAKATANI: CONSTRUINDO E COMPARTILHANDO SABERES SOBRE A CHINA E O SOCIALISMO

Rogério Naques Faleiros
Renata Couto Moreira

A partir de sua vivência no Fórum Mundial de Alternativas, cuja composição reunia nomes como Samir Amin, François Houtart, Rémy Herrera, Wim Dierchxsens, Sam Moyo, Mamdouh Habashi, Lau Kin Chi, Victor Hugo Jijón, Valentin Yakushik e Chérif Salif, além do saudoso professor Reinaldo Carcanholo, Paulo Nakatani aderiu ao desafio, colocado pelos colegas chineses coordenados por Wen Tiejun e Lau Kin Chi, de liderar uma equipe brasileira para contribuir com a pesquisa E7: Emerging Countries, participar do 1st South South Forum on Sustainability e fundar a Global University for Sustainability, reunindo intelectuais de diversas partes do mundo cuja missão é pensar e construir alternativas ao capitalismo senil, nos termos de Amin.

Com esse desafio na bagagem, Nakatani retornou a Vitória e iniciou os trabalhos de estruturação de um grupo de pesquisa, inicialmente composto pelos pesquisadores Rogério Naques Faleiros e Neide César Vargas. Nessa primeira etapa do trabalho foram pesquisadas diversas informações sobre a economia e a sociedade brasileiras para a composição de um estudo que envolveu, além do Brasil e da China, a Venezuela, a África do Sul, a Indonésia, a Índia e a Turquia. O objetivo era compor um painel de estatísticas comparativas entre os sete países emergentes (E7), subsidiando, assim, estratégias de enfrentamento às crises e às contradições vivenciadas nessas realidades. Posteriormente, os esforços de pesquisa vieram a compor o livro "A competição global entre nações: um estudo comparativo de sete países emergentes" (em tradução livre, visto que o livro foi publicado em 2020 apenas em mandarim, com o título 国家间的全球竞争: 七个新兴国家的比较研究). Ainda na primeira etapa dos trabalhos, a equipe produziu o texto "The limits of Agrarian Reform in Brazil", um dos capítulos do livro *Sustainability & Rural Reconstruction*, publicado em 2015 nos idiomas chinês e inglês. Ainda em sua primeira configuração, o grupo credenciou-se a participar do First Forum South South on Sustainability, em Hong Kong, em dezembro de 2011, sendo representado pelos professores Paulo Nakatani e Rogério Naques Faleiros.

No futuro, provavelmente, poucos fenômenos chamarão mais a atenção dos pesquisadores do que a ascensão chinesa nas três últimas décadas do século XX e nas primeiras do século XXI. Partindo de uma realidade absolutamente adversa, caracterizada pelas invasões internacionais e a fragmentação territorial daí derivada, a guerra, a fome e o atraso no desenvolvimento das forças produtivas, a China ofereceu ao mundo contemporâneo as maiores taxas de crescimento econômico, em torno de 10% em média entre 1979 e 2010, algo nada desprezível considerando-se a dimensão de sua população. Ademais, a experiência dita "socialista" pelo alto comando do Partido Comunista Chinês (PCCh) contrasta com a prostração das economias capitalistas no mesmo período, evidenciando clivagem digna de nota. Certamente, o fenômeno possui ligações com a revolução capitaneada por Mao Tse-tung, que completou 70 anos em 2019, ocasião pela qual o livro veio a público (Moreira; Faleiros, 2020).

É fato que a transição socialista suscitou várias contradições e debates, o que já foi registrado em outros processos históricos (Lenin, Trotsky, Preobrajensky, Bukharin, Kollontai e Stalin como exemplos no caso soviético; Mao Tse-tung, Chen Yun, Deng Xiaoping, no caso chinês; Fidel Castro, Haydée Santamaría e Ernesto Che Guevara, no caso cubano), além de um sem-número de competentes analistas, como Bettelheim, Perry Anderson, Alec Nove, Ernest Mandel, Vânia Bambirra, entre outros. Assim como no passado, as polêmicas parecem ainda distantes de qualquer consenso: se por um lado a economia chinesa apresenta hoje maior grau de abertura e conexões íntimas com as finanças mundiais, por outro, mantém a posse comunal da terra, o controle partidário inabalável e o sistema de Hukou, criado na dinastia Qing e reavivado em outras bases após 1949. Trata-se de uma economia em transição socialista ou de um capitalismo de Estado? Quais devem ser as diretivas frente ao nacionalismo e às pressões separatistas? E qual seria a viabilidade contemporânea do socialismo em um só país? Fato é que a expressão "um país, dois sistemas", cunhada por Deng Xiaoping na década de

Paulo Nakatani: construindo e compartilhando saberes sobre a China e o socialismo

1970, permanece na atual afirmação de um sistema de "socialismo de mercado", impondo grande desafio teórico e histórico à análise de cada experiência como única, e ao mesmo tempo compondo uma totalidade.

A partir de ampla rede de pesquisa estabelecida em eventos internacionais dos quais participou, Nakatani estruturou e liderou o Grupo de Pesquisa Estudos Críticos do Desenvolvimento (devidamente registrado no Diretório do CNPq). Inicialmente com a participação de Faleiros e Vargas, o grupo se ampliou com a participação da professora Renata Couto Moreira e de estudantes, em nível de mestrado e doutorado, do Programa de Pós-Graduação em Política Social do Centro de Ciências Jurídicas e Econômicas da Universidade Federal do Espírito Santo (CCJE/Ufes), tais como Helder Gomes, Rafael Venturini Trindade e Adriana Ilha da Silva. Vinculou-se também ao grupo, em estágio pós-doutoral, a saudosa pesquisadora Paula Cristina Nabuco Felipe, que havia recentemente concluído seu doutorado na Universidade Federal Fluminense após residir na China durante largo período.

De lá para cá as atividades do grupo foram se adensando e incorporando novos participantes, o que redundou em diversas visitas técnicas à China, participação em eventos internacionais e parcerias institucionais entre a Ufes e universidades chinesas. Vale destacar a proposta pedagógica das reuniões do grupo, na qual a base de textos comum sobre o socialismo era estudada e debatida nas reuniões, em que cada membro dialogava com o recorte e o foco de seu estudo. Essa metodologia de ensino estabelecida pelo professor Paulo Nakatani, que nomeamos como "orientação coletiva", foi muito frutífera para a compreensão da totalidade dos processos de transição socialista nos distintos países e dimensões em questão, assim como para as reflexões e diálogos possíveis entre os trabalhos de pesquisa. Além da metodologia pedagógica, outra marca importante de aprendizado que o professor Paulo nos legou foi a determinação de premissas que se estruturam no método científico do materialismo histórico-dialético. Dentre essas, as principais passavam pela compreensão de que: 1) a China é um país distante, pouco conhecido e extremamente complexo; 2) o excepcional desempenho da economia chinesa deve-se inegavelmente à revolução comandada pelo PCCh, vitoriosa em outubro de 1949; 3) dificilmente se poderia afirmar que a revolução comunista da China teria sido anticapitalista, pois o capitalismo ainda não estava plenamente constituído no país; 4) até o momento atual, a política econômica da China tem como um dos principais pilares a planificação central de longo prazo, tendo o governo uma enorme capacidade de comandar e direcionar a acumulação de capital, de forma a atingir os objetivos da planificação; 5) esse processo não é isento das suas próprias contradições e gera um movimento cíclico semelhante ao resto do mundo, onde períodos de expansão são sucedidos por outros, de crise; 6) deve-se evitar a armadilha de questões pouco frutíferas, como o fato de a China ser ou não ser socialista, pois, segundo a orientação de Nakatani, questões como essa não nos levariam a lugar nenhum, além de negar o método em sua essência, visto que os processos deveriam ser compreendidos em sua transformação permanente, considerando seu movimento e suas contradições na totalidade, o que nos leva à história das experiências de revolução.

Nessa esteira, Nakatani orientou também diversos trabalhos sobre a experiência cubana, em nível de mestrado (Vinícius Q. de Oliveira Souza) e doutorado (Aline Faé Stocco, Aline Pandolfi, Camila Costa Valadão e André Moulin Dardengo). Temas como transição ao socialismo, gestão da propriedade, cooperativas, empresas estatais, proteção social, distribuição e igualdade social foram trabalhados sob o prisma da realidade cubana. Novamente, diversas viagens de campo e intercâmbios institucionais foram estabelecidos por Nakatani, cuja contribuição foi decisiva na formação de quadros para a pesquisa, para o magistério superior público e para a militância político-partidária – no caso, nos referimos a Valadão, vereadora em Vitória, eleita deputada estadual no Espírito Santo em 2022. Tais trajetórias serão abordadas em outros capítulos desta coletânea.

Retornando à China: para além das aparências controversas, Nakatani sempre buscou identificar os elementos mais estratégicos daquela experiência, visando identificar o projeto de desenvolvimento socialista que a sustentava, o que se traduzia num esforço coletivo de entendimento também das dimensões políticas e sociais, por que não dizer históricas, daquela nação. Nas palavras do professor: "O desenvolvimento dessas contradições, tanto internas quanto internacionais, deverão trazer respostas para muitas das controvérsias colocadas a respeito da natureza e da forma que a sociedade chinesa vem assumindo e qual será o seu papel no futuro" (Moreira; Faleiros, 2020, p. 12).

Como resultado desse grupo de pesquisa, foram produzidos relatórios de pesquisa, artigos, dissertações, teses e livros. Em 2020, uma síntese desses anos de estudos sob a orientação do professor Paulo Nakatani foi publicada no livro *Reflexões sobre a Revolução Chinesa: a transição socialista em debate* (Moreira; Faleiros, 2020). O livro organizou textos de autoria dos participantes do grupo Estudos Críticos do Desenvolvimento sobre as várias perspectivas de pesquisa assumidas por cada integrante e apresentou-se subdividido em duas partes; a primeira, sobre alguns condicionantes históricos da Revolução de 1949 e seus desdobramentos; a segunda, sobre os avanços, limites e desafios da transição socialista na China contemporânea.

Um dos temas, abordados em grupo e consagrados nessa síntese a partir da reflexão de Helder Gomes em sua tese de doutorado, foi a questão dos antecedentes da Revolução de 1949, destacando-se o caráter singular da milenar história chinesa e as condições objetivas prévias sobre as quais ocorreriam os eventos revolucionários em 1949. A perspectiva de Gomes nos brindou com uma discussão no grupo sobre a heterogeneidade socioeconômica que marcou a China na primeira metade do século XX, apresentando, primeiramente, a posição de Mao Tse-tung (e de alguns de seus correligionários) sobre a situação derivada das intervenções imperialistas desde a Guerra do Ópio até a invasão japonesa, sugerindo, posteriormente, uma crítica a essa interpretação. Assim, o estudo procura dialogar sobre como a cúpula do PCCh interpretava a situação que projetava modificar com o processo revolucionário proposto, ao mesmo tempo em que pondera sobre as dificuldades e obstáculos colocados à formação de um Estado-nação unificado, diante de um contexto caracterizado por guerras frequentes e disputas de interesses difusos entre os estratos sociais que se colocavam entre a tradição e a mudança. Gomes também evidenciou as divergências entre o projeto de revolução colocado em prática e os resultados experimentados ao longo do tempo, buscando refletir sobre os avanços e recuos no processo de transição projetado, típicos da natureza instável daquele Estado, redundando no caráter provisional e improvisado da maioria de suas iniciativas de intervenção, que serviam como grande aprendizado na preparação de uma experiência soberana, algo que não ocorria havia um século na China, considerando as invasões e ataques imperialistas e a ocupação de seu território pelo Japão. Deve-se considerar aqui uma característica importante daquele processo inicial: as iniciativas de coletivização da produção foram experimentadas por centenas de milhões de pessoas que, num feito inédito na história mundial, passaram a ter acesso à terra e a alguma formação educacional orientada politicamente por um partido comunista com experiência na luta revolucionária, o que certamente pode auxiliar na compreensão do recente processo histórico chinês.

Renata Couto Moreira, ao lado de Nakatani, discutiram o papel da reforma agrária na Revolução Chinesa e suas lições para uma teoria da transição. Nessa dimensão, realizaram uma análise das transformações ocorridas na propriedade, posse e uso da terra na China dentro de três movimentos históricos fundamentais. O primeiro, a partir de junho de 1950, com a realização de uma reforma agrária popular massiva. O segundo, durante os dois primeiros planos quinquenais, entre 1952 e 1962, quando se verifica o aprofundamento do processo de coletivização da economia agrária e sua subordinação à industrialização e urbanização da sociedade chinesa; e o terceiro, a partir dos anos 1970, marcado pelo recuo da coletivização das terras e da desregulamentação do comércio de produtos agrícolas com a reestruturação do Sistema de Contratos de Responsabilidade Familiar. Destaca-se aqui a permanente contradição da questão agrária na China: por um lado, ela é central na constituição das bases objetivas da revolução e da classe trabalhadora na República Popular; por outro, observa-se o crescente paradoxo na relação com as forças imperialistas no plano mundial sem o respaldo de uma coalizão socialista internacional, e seu reflexo no crescente desemprego das famílias chinesas, mesmo mantendo-se o direito de posse sobre a terra.

Demarcando o caráter interdisciplinar do grupo de pesquisa, a tese de doutoramento de Adriana Ilha da Silva, *As reformas na assistência à saúde na China e a política de abertura e reformas econômicas de Deng Xiaoping*, discutiu a temática frente à política de "portas abertas" e reformas econômicas a partir de 1978, buscando compreender as mudanças ocorridas no interior dos sistemas de assistência à saúde no país. Como resultado, Ilha observa que o Sistema Médico Cooperativo, voltado para a população rural, foi o que sofreu maior impacto, na medida em que foi gradativamente abandonado pelo Ministério da Saúde entre os anos de 1979 e 1981, contribuindo para a redução dos fundos comunitários, para o aumento da percentagem de reembolso de medicamentos e para a cobrança integral do serviço de saúde por cooperativa, no qual o fundo era transitoriamente escasso para reembolso, devido ao não repasse de financiamento pelo governo local. Na década de 1980, o Sistema de Regime de Seguro Governamental, que atendia aos funcionários estatais e era financiado pelo governo central, foi extinto. Ainda, nas mudanças operadas no contexto das reformas, foi abordada a reestruturação do Regime de Seguro Trabalhista do início da década de 1990 e o Regime de Seguro Médico Básico, lançado pelo governo central em 1998 e voltado para os empregados urbanos, de forma a garantir sua participação contra os riscos sociais de saúde. O fato é que paulatinamente foram introduzidos mecanismos de mercado na Saúde, reduzindo-se o financiamento aos hospitais públicos, ao passo em que se ampliava uma liberdade quase ilimitada para captar fundos e para cobrar faturas médicas dos usuários. Em síntese, o abandono dos sistemas de saúde instituídos na era maoísta ou, no limite, a sua reestruturação de maneira gradual até a década de 1980 como saída possível para os desafios da revolução diminuiu o acesso da população que não detinha nenhuma forma de cobertura aos cuidados de saúde, uma de suas principais contradições.

O grupo de pesquisa também procurou lançar luz sobre fenômenos atinentes à contemporaneidade chinesa, centrando a análise na inserção internacional do país no tocante à sua estratégia de aquisição de ativos (terras) no exterior, a dinâmica de movimentos sociais relacionados à chamada reconstrução rural, os desafios colocados para o PCCh no leme do processo de desenvolvimento, as contradições relacionadas à forma de inserção na ordem financeira global e a busca de correlacionar o rápido processo de desenvolvimento econômico à "justiça ecológica".

Rogério Naques Faleiros, Paulo Nakatani, Neide Cesar Vargas, Paula Cristina Nabuco Felipe (*in memoriam*), Helder Gomes e Rafael Venturini Trindade, analisaram dados acerca da expansão internacional da China através da compra de terras no Brasil e no mundo. Assume-se no grupo que grande parte das abordagens acerca da China trata de maneira insuficiente suas estratégias internas de desenvolvimento, apenas conferindo a esse país diferentes papéis no âmbito do capitalismo mundial, e dedicando pouca atenção às condicionantes internas daquela realidade. Nesta perspectiva, buscaram identificar uma estratégia específica da China, qual seja, a aquisição de terras pelo mundo, refletindo acerca dos possíveis motivos internos para essa atuação, bem como a abrangência desse fenômeno no plano mundial e, de maneira ilustrativa, considerando alguns impactos dessa ação sobre o Brasil. A ofensiva na aquisição de terras possui como contrapartida o acelerado ritmo de crescimento da China (em que pese a perda de ritmo nos últimos anos), o crescimento da renda *per capita* de parcela da população chinesa e o fato de que, em 2012, pela primeira vez na história chinesa, a população urbana ultrapassou a rural, ao passo que a área cultivada do país permaneceu praticamente estagnada nos últimos 20 anos, em que pese algum aumento na produtividade de grãos. Interessante notar como a América do Sul, a África e a Oceania estão na mira desse processo.

Visando analisar representativo movimento social e agroecológico chinês, Nakatani, ao lado de Faleiros, sistematizou algumas experiências de intercâmbio compartilhadas em "O movimento da nova reconstrução Rural na China contemporânea", no sentido de superar a compreensão ocidental da dinâmica dos movimentos sociais naquele país. A partir de notas e observações efetuadas em campo pelos autores (em Little Donkey Farm, Youngji City, Nanjie e na aldeia de Huojiagou), procurou-se refletir sobre o legado das experiências de socialismo construído no período das Comunas Populares, sistematizando-as em como se relacionam ao Hukou e à forma social de propriedade da terra na China, justamente os elementos em risco a partir da Terceira Sessão Plenária do 18º Comitê Central do Partido Comunista da China, ocorrida em 2013, que propugnava a sua supressão gradativa, reunindo enorme potencial de desarticulação da vida rural (e urbana) na China.

Dando destaque à dimensão política da experiência contemporânea chinesa, Neide César Vargas, no âmbito do grupo de pesquisa, debruçou-se sobre o processo decisório do PCCh, ilustrando como as decisões relativas ao desenvolvimento estão vinculadas às Plenárias do Comitê Central desse partido. Foi assim na terceira plenária, em 1978, inaugurando uma série de medidas e chancelando a definição de uma nova geração de governantes (à época, liderada por Deng Xiaoping). A tradição se mantém desde então, caracterizando as plenárias como destacados instrumentos no planejamento econômico. Contudo, paulatinamente, essas decisões convivem com maior autonomia dada aos líderes partidários locais, ensejando uma série de contradições e conflitos em nível microrregional.

Por meio de diversas missões internacionais, reflexões elaboradas por pesquisadores chineses também foram compartilhadas com o grupo de pesquisa e figuraram na obra-síntese de sua produção. Em estudo elaborado por Sit Tsui, Erebus Wong, Lau Kin Chi e Wen Tiejun, pesquisadores de Chongqing, Hong Kong e Pequim, respectivamente, atualiza-se a análise de uma série de novas iniciativas de comércio e desenvolvimento para a China e regiões circundantes inauguradas em 2013 com Xi Jinping, sistematizadas sob o Cinturão Econômico da Rota da Seda e a Rota da Seda Marítima do Século XXI, projetos também conhecidos como Um Cinturão, Uma Rota, ou Obor (One Belt, One Road). Em conjunto com o Banco Asiático de Investimento em Infraestrutura, as políticas do Obor representam uma ambição de expansão espacial do Estado chinês, dirigido por um excesso de capacidade produtiva industrial e por interesses de um capital financeiro emergente. O governo chinês salientou publicamente as lições do passado da crise de excesso de capacidade no Ocidente, que precipitou a Segunda Guerra Mundial, e promoveu essas novas iniciativas em nome de um "desenvolvimento pacífico". Entretanto, a guinada para o Obor sugere um cenário regional muito similar àquele que se desenhou na Europa entre o fim do século XIX e os anos que antecederam a Primeira Guerra Mundial, quando nações poderosas se debateram pela dominação militar e industrial. A estratégia do Obor combina poder terrestre e marítimo, reforçando a atual hegemonia oceânica da China no Leste Asiático. Assim, as reflexões contidas nessa dimensão indicam a possibilidade crescente da participação chinesa em conflitos locais históricos, como também em refregas em nível global (em que pese a estratégia dita "pacífica", os chineses têm reiteradamente aumentado os seus investimentos militares).

Finalizando a síntese das vivências e diálogos que permearam a experiência do grupo, Lau Kin Chi sistematiza, em "A sustentabilidade com justiça ecológica e econômica na China", uma reflexão sobre a sustentabilidade do desenvolvimento econômico na China a partir da Reforma de 1979, abordando questões de justiça socioeconômica e ecológica. A busca, nesse sentido, foi a de compreender os impactos da modernização, referindo-se ao avanço das forças produtivas, as mudanças no padrão da renda *per capita* e no padrão de consumo, e suas consequências em relação à desigualdade, tratadas como "injustiças socioeconômicas", bem como as crises ambientais ensejadas por tal modelo. Em tom propositivo, Lau Kin Chi alerta para a necessidade de se adotarem práticas que questionem os discursos estatistas, elitistas e antropocêntricos difundidos na China contemporânea, estabelecendo-se uma visão baseada na sustentabilidade à altura dos desafios ecológicos colocados àquele país.

Considerando a "orientação coletiva" que o professor Paulo Nakatani nos proporcionou, destacamos algumas lições sobre os processos de transição socialista estudados, sobretudo na experiência chinesa, na qual a nova geração, capitaneada por Xi Jinping, indica a necessidade de que o povo chinês continue em sua caminhada para o progresso e a soberania, visando a transformação de sua realidade mediante grandes e árduos esforços. É de se imaginar que as contradições pertinentes a essa experiência de transição ao socialismo se intensifiquem, com reverberações nas dimensões econômica, social, política e ambiental. Às vésperas de completar 73 anos, a Revolução Socialista na China ainda vivencia os seus primeiros passos; e o socialismo enquanto projeto de desenvolvimento social e econômico ainda constitui fascinante desafio teórico e histórico. Não por acaso, Nakatani a ele tem se dedicado.

REFERÊNCIAS

DA SILVA, Adriana Ilha. *A assistência à saúde na China Continental*. Tese (Doutorado em Política Social) – Programa de Pós-Graduação em Política Social, Universidade Federal do Espírito Santo, Vitória, 2017.

GOMES, Helder. *Aprendizado da experiência chinesa:* sobre as relações de Estado numa transição ao socialismo. Tese (Doutorado em Política Social) – Programa de Pós--Graduação em Política Social, Universidade Federal do Espírito Santo, Vitória, 2016.

MOREIRA, Renata Couto; FALEIROS, Rogério Naques (org.). *Reflexões sobre a Revolução Chinesa:* a transição socialista em debate. São Paulo: Expressão Popular, 2020.

NABUCO, Paula. *Sob o mandato do céu:* o processo de modernização da China. Tese (Doutorado em Economia) – Programa de Pós-Graduação em Economia, Universidade Federal Fluminense, Niterói, 2011.

NABUCO, Paula. Hukou e a planificação na China. *In:* ENCONTRO NACIONAL DE ECONOMIA POLÍTICA, ed. XVI, 2011, Anais..., Uberlândia.

NABUCO, Paula. Sem medo dos dragões que ficaram para trás nem dos tigres à frente: coletivização e o Grande Salto Adiante chinês. *In:* CONGRESSO BRASILEIRO DE HISTÓRIA ECONÔMICA, 11, 2015, Anais..., Vitória.

NAKATANI, Paulo; DA SILVA, Adriana Ilha. "As reformas na assistência à saúde e a política de abertura e reformas econômicas de Deng Xiaoping". *Revista Leste Vermelho*, v. 3, n. 1, jan. 2017.

NAKATANI, Paulo; FALEIROS, Rogério Naques; VARGAS, Neide César; NABUCO, Paula; GOMES, Helder; TRINDADE, Rafael Venturini. A expansão internacional da China através da compra de terras no Brasil e no mundo. *Textos & Contextos* (Porto Alegre), v. 13, p. 58-73, 2014.

NAKATANI, Paulo; FALEIROS, Rogério Naques. O movimento da Nova Reconstrução Rural e alguns experimentos sociais na China contemporânea. *In:* ENCONTRO NACIONAL DE ECONOMIA POLÍTICA, ed. XIX, 2014.

NAKATANI, Paulo; MOREIRA, Renata Couto. "O papel da reforma agrária na Revolução Chinesa: lições para uma teoria da transição". *Revista de Estudos Críticos Asiáticos,* v. 3, n. 1, p. 288-317, 2017.

SIT, Tsui Jade. Peasants' Association of Yongji City. [Relatório de pesquisa.] Country Reports. Historical review and case studies. Beijing, China, 11 July 2011, p. 78-83. Mimeo

SIT, Tsui Jade. "Peasant agriculture in China". *In:* HOUTART, F.; TIEJUN, W. (org.) *Peasant's agriculture in Asia.* Panamá: Ruth Casa Editorial, 2012.

SIT, Tsui Jade; WONG Tak Hing. "Rural China: from modernization to reconstruction". *Asian Studies: Journal of Critical Perspectives on Asia.* (Filipinas), v. 49:1, p. 43-68, 2013.

TIEJUN, W.; JIANZHI, L.; YUSHU, H.; CUI, X. *Globalização da competição internacional:* estudo comparativo de sete países emergentes [Tradução livre do chinês]. Pequim: Editora Oriental, 2021.

TRINDADE, Rafael Venturini. *Liderança e mecanismos da modernização chinesa na era de Deng Xiaoping:* desfechos de um grande rompimento. Dissertação (Mestrado em Política Social) – Programa de Pós-Graduação em Política Social, Universidade Federal do Espírito Santo, 2014.

VARGAS, Neide César. "Partido Comunista Chinês, processo decisório e rumos do desenvolvimento na China". *Revista Política Hoje*, 2. ed., v. 24, p. 155-175, 2016.

WEN, Tiejun, LAU, Kin Chi *et al.* "Ecological civilization, indigenous culture, and rural reconstruction in China", *Monthly Review*, Feb., 2012, 4-8.

AS CONTRIBUIÇÕES SOBRE A TRANSIÇÃO SOCIALISTA A PARTIR DA REVOLUÇÃO CUBANA

Aline Fardin Pandolfi
André Moulin Dardengo
Aline Faé Stocco

A experiência cubana de construção do socialismo, que se iniciou com a vitória revolucionária de 1959, tem sido uma inspiração para as lutas que buscam transformações sociais na América Latina e Caribe, assim como tem despertado o interesse de pesquisadores e intelectuais, em especial no espectro político à esquerda. Dentre esses, encontramos o professor Paulo Nakatani, que ao apontar a necessidade de analisar os processos históricos para além das lentes impostas pela ideologia burguesa e o dogmatismo teórico-político tem contribuído para mostrar a importância histórica, teórica e política do processo cubano. A partir das análises do professor, a Revolução de 1959 deve ser compreendida em seu caráter particular, dado que ocorreu em um país de capitalismo periférico e dependente, próximo aos Estados Unidos, que persiste frente aos efeitos do bloqueio estadunidense imposto à ilha desde os anos 1960 e resiste às consequências da derrocada do campo soviético desde os anos 1990 (Nakatani, 2017). A maior ilha do Caribe ainda sustenta importantes conquistas sociais alcançadas pela classe trabalhadora em decorrência da revolução, sobretudo nas áreas da saúde e da educação.

O interesse do professor Nakatani em entender o processo cubano surgiu das repercussões do assassinato do combatente revolucionário Ernesto Che Guevara, na Bolívia.[1] Guevara havia participado da luta guerrilheira na ilha e, após a vitória revolucionária, ocupou os cargos de presidente do Banco Central e Ministro da Indústria, tendo colaborado de maneira muito intensa com as transformações sociais no país e participado de amplos debates

---

[1] Ocorrido em 9 de outubro de 1967, em La Higuera, na selva boliviana.

Aline Fardin Pandolfi, André Moulin Dardengo e Aline Faé Stocco

acerca dos rumos da revolução, aspectos que, combinados ao compromisso político com a classe trabalhadora, mantiveram o interesse do professor em acompanhar a revolução.

Em 2001, a participação no III Encuentro Internacional de Economistas realizado em Havana e a oportunidade de estar no território cubano pela primeira vez, em companhia do professor Marcelo Carcanholo, resultaram nos primeiros escritos e publicações sobre essa experiência revolucionária. No ano de 2002 o professor realizou pós-doutorado na Université Paris 13 (Paris-Nord), ocasião em que conheceu alguns pesquisadores cubanos e pôde compartilhar conhecimentos sobre a experiência revolucionária cubana.

Durante o I Encontro Nacional de Política Social, que ocorreu em Vitória no ano de 2007, em conjunto com um evento da Sociedade Brasileira de Economia Política (SEP), o professor Paulo Nakatani apresentou aos docentes do Programa de Pós-Graduação em Política Social (PPGPS) da Universidade Federal do Espírito Santo (Ufes) dois pesquisadores cubanos já com o indicativo de submissão de projeto de pesquisa internacional a um edital do Conselho Nacional de Desenvolvimento Científico e Tecnológico (CNPq). Na oportunidade, esses pesquisadores indicaram as professoras Rita Casteñeiras[2] e Angela Ferriol[3] como representantes de Cuba para participarem da pesquisa. Estiveram nessa pesquisa, além da Ufes e das representações de Cuba, a Pontifícia Universidade Católica de São Paulo (PUC-SP) e a Pontifícia Universidade do Rio Grande do Sul (PUC-RS). O projeto submetido na chamada pública Casadinho do CNPq e Capes foi importante por representar a primeira aproximação de pesquisa internacional entre o PPGPS da Ufes e as instituições cubanas. Na ocasião, a cooperação internacional resultou em algumas publicações, mas apresentou dificuldades para concretizar as ações planejadas.

Após a primeira tentativa, ocorreu uma segunda e exitosa experiência de parceria internacional. Cabe destacar que isso ocorreu em um momento de retomada das lutas e de reivindicação do socialismo como estratégia de transformação social para os países da região latino-americana e caribenha,

---

[2] Doutora em Ciências Fisiomatemáticas. À época, diretora de Desenvolvimento Social do Ministério de Economia e Planificação de Cuba (*in memoriam*).

[3] Doutora em Ciências Econômicas, à época vice-diretora do Instituto Nacional de Investigações Econômicas do Ministério de Economia e Planificação de Cuba.

As contribuições sobre a transição socialista a partir da Revolução Cubana

e da emergência, em alguns países da região, de governantes com projetos políticos progressistas, o que também criou e fortaleceu espaços de integração científica, aproximando os intelectuais e pesquisadores da região e permitindo o surgimento de grupos e redes de estudos e pesquisas. Em debates promovidos pelo Banco Central da Venezuela, o professor Paulo Nakatani conheceu a professora Olga Perez Soto,[4] o que possibilitou que, em 2012, fosse celebrado um acordo de cooperação internacional entre o PPGPS da Ufes e a Faculdade de Economia da Universidade de Havana, e logo em seguida o projeto de cooperação internacional sobre os sistemas de proteção social na América Latina.[5]

A partir de 2012, com a criação do doutorado no PPGPS, ocorreu a chegada de pesquisadores com propostas de estudos centradas na experiência de construção do socialismo em Cuba, o que fortaleceu o grupo de pesquisa Estudos Críticos do Desenvolvimento,[6] coordenado pelo professor Paulo Nakatani. O grupo, que até então tinha como foco as transformações sociais chinesas, incorporou os estudos sobre o processo cubano. Nesse espaço de debate mediado pelo professor Paulo Nakatani foi possível a socialização das pesquisas de mestrandos e doutorandos, a consolidação de reflexões importantes sobre as experiências revolucionárias cubana e chinesa, mas também e, sobretudo, foi possível avançar em reflexões sobre a necessidade histórica de superarmos o capitalismo e a complexidade dos processos de transição de um modo de produção para outro.

Assim, a proposta deste texto é apresentar as principais contribuições que o professor Paulo Nakatani produziu sobre a transição socialista no processo revolucionário em Cuba. Além desta introdução, o texto apresenta uma seção com alguns apontamentos gerais sobre a construção de uma sociedade socialista, para em seguida apresentar contribuições relacionadas a aspectos mais específicos sobre a temática, como o funcionamento da planificação como mecanismo de regulação econômica, a determinação dos

---

[4] Doutora em Economia Internacional pela Universidade de Barcelona (2003), professora titular da Universidade de Havana.

[5] Essa cooperação internacional envolveu grupos de pesquisa dos programas de pós-graduação em Economia Política da PUC-SP, em Política Social da Ufes, em Psicologia Social e Institucional da UFRGS e em Serviço Social da PUC-RS. A pesquisa recebeu financiamento da Capes e do CNPq.

[6] A partir de 2020, o grupo passou a ser chamado Grupo de Estudos Críticos em Processos Sociais.

Aline Fardin Pandolfi, André Moulin Dardengo e Aline Faé Stocco

preços e o papel do dinheiro e dos bancos. Para isso, foram utilizadas as publicações realizadas pelo professor em parceria com outros pesquisadores sobre o tema, assim como as reflexões acumuladas nos espaços de debate e orientação das teses e dissertações produzidas pelos orientandos do professor no âmbito do PPGPS.

O SOCIALISMO E O DEBATE EM TORNO DA PLANIFICAÇÃO

A formação em Economia do professor o conduziu para uma análise crítica da sociedade capitalista e de suas determinações. A partir de estudo minucioso, continuado e rigoroso da obra de Marx e Engels, Paulo Nakatani apreendeu o método crítico dialético como uma racionalidade necessária à análise das relações de produção e sociais da sociedade capitalista, consciente dos diferentes níveis de abstração quanto aos processos de investigação. É nesse sentido que, ao estudar processos revolucionários e as experiências que buscaram constituir sociedades socialistas, o professor adverte ser necessário partir das particularidades histórico-concretas.

Foram essas as premissas que sempre conduziram a análise do professor Paulo Nakatani em relação ao processo cubano, mostrando como a eclosão da revolução e as transformações dela decorrentes estavam articuladas às precárias condições de vida a que estavam submetidos os trabalhadores e as trabalhadoras do campo e da cidade no país, durante a primeira metade do século XX. Tais condições tinham suas determinações tanto nos longos anos de colonização espanhola e de escravização da população negra, como também no domínio político e econômico da burguesia estadunidense que se consolidou na ilha após as guerras pela independência. Essa burguesia concentrava a posse da maior parte das terras, das principais unidades industriais produtoras de açúcar, das grandes empresas prestadoras de serviços públicos e dos bancos. Por outro lado, a elite local obtinha seus ganhos importando dos Estados Unidos e comercializando internamente desde alimentos até produtos industriais mais complexos e sofisticados.

Ainda como particularidades que envolvem o processo cubano, o professor sempre aponta o fato de Cuba ser um país pequeno, em especial quando comparado aos demais que vivenciaram experiências revolucionárias, além de ser uma ilha, com limitação de recursos para serem utilizados como matéria-prima. Outro aspecto que Nakatani considera fundamental quanto

As contribuições sobre a transição socialista a partir da Revolução Cubana

à particularidade da Revolução Cubana é a situação de bloqueio econômico que se impõe contra a ilha a partir de leis e medidas aprovadas pelo governo estadunidense desde a década de 1960 (Nakatani, 2017). Compreender as determinações que caracterizam a experiência cubana requer entender a forma como o bloqueio atinge a economia do país, como afeta seu acesso a recursos, serviços e produtos comercializados em âmbito mundial.

Assim, as condições próprias do país, determinadas também pelas relações internacionais, condicionam os caminhos para se avançar na direção de uma sociedade em que as relações de produção assumam um caráter cada vez mais social. Em decorrência disso, não há um receituário ou uma trajetória única a ser percorrida pelos países para uma revolução.

Nas produções do professor sobre a experiência cubana há análises importantes sobre o dinheiro, o mercado e a presença da lei do valor como mecanismo de regulação econômica em processos revolucionários na perspectiva de construção do socialismo. Frente ao avanço da tese do *socialismo de mercado,* Carcanholo e Nakatani (2002; 2006) apresentam destacada contribuição: os autores consideram a diferença substancial que existe entre o mercado enquanto *locus* de trocas fortuitas, ou seja, enquanto espaço mercantil delimitado e controlado pelo Estado, e a economia de mercado fundada numa racionalidade mercantil, a qual se espraia para todas as dimensões da vida em sociedade. Nessa linha, irão considerar que a sociabilidade fundada na lógica mercantil, determinada pela troca de mercadorias e pela fetichização em todos os níveis, não se constituiu em um mecanismo de regulação e de distribuição do trabalho social necessário aos processos de transformação social que pretendem construir o socialismo. A presença de uma lógica racional mercantil como reguladora das relações de produção pode tensionar a esfera da planificação econômica e social e provocar tendências contrarrevolucionárias.

A partir das reflexões sobre os sistemas de planificação e sobre a atuação da lei do valor na economia cubana no início na década de 1960, sobretudo a partir dos estudos do Che Guevara (1963), o professor e seu interlocutor reconhecem a presença da forma valor em processos revolucionários transitórios como resquícios do funcionamento da sociedade anterior e das relações econômicas com o mercado capitalista mundial, porém não é ela que produz as determinações fundamentais sobre as relações de produção e apropriação da riqueza (Carcanholo, Nakatani, 2006). Nesse sentido, a forma mercantil e a presença da lei do valor podem coexistir em períodos de transição (de maneira dominada) juntamente com outras formas de propriedade mais atinentes à construção da nova sociedade, por exemplo: as empresas estatais, as cooperativas e outras formas autogestionárias e coletivizadas. No caso cubano, a relação de troca entre produtos das empresas estatais, mesmo que intermediadas pela moeda, não atendia à lógica mercantil capitalista. Nesses casos, o dinheiro cumpria a função de unidade de conta e meio de circulação (Guevara, 1963).

Assim, quanto mais a revolução avança em seu processo de transição, maior deve ser o grau de coletivização da propriedade e menor deve ser a presença de formas mercantis. Um processo revolucionário no qual a presença do valor e de formas mercantis ainda cumpre uma função significativa nas relações de produção leva Nakatani e Carcanholo (2008, p. 22) à conclusão de que ainda se trata de um momento de transição: "[...] essa revolução transformadora se encontra em uma fase de transição rumo ao socialismo, que pode nem vir a se efetivar. O modo de produção capitalista ainda não estaria derrotado [...]".

A análise sobre o tema ainda apresenta que o relevante é considerar o tamanho, a extensão das relações mercantis e, principalmente, se há um mercado de trabalho tipicamente capitalista (ou seja, em que a força de trabalho seja vendida como mercadoria) e se a sociabilidade é mercantilizada. É nesse sentido que Carcanholo e Nakatani (2002) reforçam que socialismo e mercado são inconciliáveis, pois o socialismo requer uma sociabilidade em que as pessoas se relacionem de maneira direta, sem a mediação de mercadorias. Assim, indicam ainda que o caminho para se avançar na construção do socialismo passa pela superação processual das categorias herdadas do modo de produção anterior, como defendido por Guevara no âmbito do debate sobre a planificação.

A DOLARIZAÇÃO ENTRE OS DESAFIOS DA ECONOMIA CUBANA

Desde 1992,[7] o professor Paulo Nakatani esteve responsável pela cadeira de Economia Monetária do curso de Ciências Econômicas da Ufes. À crítica da economia política e aos rumos do processo revolucionário cubano somaram-se também o interesse acadêmico pelo sistema monetário implementado na ilha caribenha e pelo papel da moeda e do sistema bancário

[7] Primeiro registro do Currículo Lattes.

no processo de transição socialista cubano. Em parceria com o economista francês Rémy Herrera,[8] o professor teceu considerações sobre a dualidade monetária e a consequente dolarização da economia cubana durante o Período Especial, na década de 1990, além de analisar criticamente possíveis saídas da situação de economia semidolarizada.

Paulo e Rémy indicam que, como consequência da crise provocada pela derrocada da URSS nos anos 1990, Cuba deixou de realizar transações comerciais com os países do Conselho para o Auxílio Mútuo Econômico (Came). As exportações para os países do Leste Europeu reduziram-se abruptamente e não foram absorvidas por outras nações devido ao embargo econômico, enquanto as importações de produtos que a economia nacional necessitava reduziram-se drasticamente, provocando perversos reflexos na produção interna e na qualidade de vida do povo cubano. A escassez de produtos básicos e insumos (restrição de oferta), de um lado, e a opção deliberada por uma política de ampliar o *deficit* público com emissão de moeda para garantir a manutenção da massa salarial, dos gastos com saúde, educação e com as empresas estatais; de outro, provocaram uma enorme inflação nos mercados informais, alcançando os índices de 150%, em 1991, e de 200%, em 1993. O peso cubano sofreu forte desvalorização, por conta dessa situação, passando a ser cotado a 150 CUP[9] por dólar, que antes da crise valia 5 CUP.

Trata-se, portanto, de uma interpretação da inflação, por parte de Nakatani e Herrera, que leva em conta os choques reais na economia e que compreende que o excesso de liquidez, decorrente do *deficit* público, em vez de ser somente criticado e apontado como causa da inflação, como fazem as correntes liberais, foi necessário e apropriado, dado o contexto de crise e o compromisso da revolução com os trabalhadores e trabalhadoras cubanos(as). A interpretação de Nakatani segue a sua costumeira posição crítica à ortodoxia monetarista,[10] que leva em conta apenas o excesso de emissão de moeda para explicar a inflação.[11]

---

[8] Rémy Herrera é doutor em Ciências Econômicas pela Universidade de Paris 1 – Pantheon Sorbonne, pesquisador do Centre National de la Recherche Scientifique e professor da Universidade de Paris 1 – Pantheon Sorbonne.

[9] Peso cubano.

[10] Encabeçada pelo economista liberal estadunidense Milton Friedman.

[11] "[...] é preciso compreender que o excesso de liquidez não é única causa da fraqueza do peso, esta deve ser buscada na crise decorrente do colapso da URSS e nas deficiências produzidas na estrutura produtiva cubana. O excesso de liquidez é o resultado de uma política econômica desejada

Em processos hiperinflacionários, como o ocorrido em Cuba, a moeda nacional tem suas funções de meio de troca, unidade de conta e reserva de valor deterioradas e, diante disso, impulsionado pelo fluxo de divisas oriundo de remessas advindas de cubanos vivendo no exterior e das atividades do setor de turismo, foi surgindo um mercado paralelo em que o dólar substituiu o peso nacional de forma espontânea, constituindo uma dolarização parcial da economia. A direção política de Cuba, diante da situação, tomou a decisão de dolarizar oficialmente um segmento da economia para garantir a circulação de uma moeda mais forte que o peso cubano e promover o acúmulo de divisas de maneira centralizada e a recuperação econômica.

A partir de 1993, a reforma monetária permitiu a posse de divisas e criou o CUC (peso cubano conversível), com uma taxa cambial fixada ao dólar e ao CUP. Turistas e cidadãos cubanos que tivessem dólares teriam que trocá-los por CUC nas Cadecas (casas de câmbio) para utilizá-los nos mercados estatais (*Tiendas de Recuperación de Divisas* – TRD). As divisas recolhidas nas Cadecas permitiram ao governo cubano realizar importações de bens prioritários definidos pelo sistema de planificação (insumos para a produção das empresas estatais, combustíveis, alimentos etc.). A dolarização, contudo, provocou uma diferenciação entre os cubanos com acesso a rendimentos em divisas e os cubanos sem esse acesso, geralmente trabalhadores estatais. Essa situação provocou um aumento da desigualdade e só não teve maiores impactos pois o governo criou obstáculos para a acumulação privada de capital, impedindo a contratação de trabalho assalariado ou limitando-a por certos períodos.[12]

Como apontam Nakatani e Herrera (2003, p. 281), "[...] a dolarização em Cuba visou favorecer o ingresso de divisas para limitar o déficit nas contas externas, aumentar a capacidade de importação e para evitar uma depreciação muito forte da moeda nacional". Com essa estratégia o Estado cubano buscou meios de garantir sua intervenção social com políticas que

---

pelo governo revolucionário – déficit orçamentário e criação monetária – visando, apesar da crise, a manutenção dos salários e dos empregos para limitar as consequências sociais negativas da crise. [...]" (Nakatani; Herrera, 2003, p. 292)

[12] Com o VI Congresso do Partido Comunista de Cuba e a aprovação dos Lineamentos da Política Econômica e Social, em 2011, a presença do setor não estatal se ampliou na economia cubana. Todavia o setor estatal segue predominante e a planificação está presente. Mais recentemente, em 2021, foram autorizadas as micro, pequenas e médias empresas, que podem contratar trabalho assalariado.

reduzissem os efeitos da crise sobre as condições de vida da população cubana. Tratou-se, portanto, de um processo de dolarização diferente do que existia antes da Revolução de 1959, quando havia uma submissão completa do sistema financeiro cubano aos EUA, e também diferente da dolarização que ocorreu em países latino-americanos durante os anos 1990, como na Argentina e no Equador, em que o Fundo Monetário Internacional (FMI) impôs uma série de condicionalidades pautadas na perspectiva da teoria econômica ortodoxa.

A dolarização, contudo, era uma espécie de mal necessário: desejava-se acabar com ela, mas as condições para o processo de desdolarização não estavam dadas. O texto dos professores Paulo e Rémy foi publicado em 2003, dez anos após a reforma monetária do Período Especial, e procurou analisar algumas propostas de desdolarização. Chama-nos atenção a crítica a uma delas,[13] que, segundo os professores, em vez de extinguir a função reserva de valor da moeda potencializava a propriedade de capital-dinheiro da moeda. Tal proposta, segundo Nakatani e Herrera, apresentava o erro de tentar aplicar categorias, constrangimentos e instituições características do capitalismo a uma economia em transição socialista, como a cubana, que tem seus mecanismos próprios, uma política monetária, financeira e bancária com objetivos voltados para cumprir as metas da planificação centralizada, ou seja, uma política econômica que não tem compromisso com a lógica do mercado.

Essa e outras propostas de desdolarização analisadas no trabalho não foram implementadas, pois o governo cubano optou pela gestão de uma economia semidolarizada e, com o incentivo ao turismo e ao Investimento Estrangeiro Direto (IED) conseguiu aumentar a entrada de divisas e manteve a economia sobre o controle da planificação estatal. Diferentemente de países latino-americanos dependentes, submetidos à lógica de ajuste fiscal e monetário neoliberal imposta pelo FMI, Cuba pôde, como argumentam Nakatani e Herrera (2003, p. 294), "custasse o que custasse, manter a sua prioridade absoluta com os gastos sociais (educação, saúde, pesquisa, etc.), seu sistema de alimentação universal a preços módicos (libreta) e as desigualdades sociais mais baixas possíveis – ou seja, os deveres mesmo da revo-

---

[13] Trata-se da proposta de Isaac Johsua, publicada em 2002, no artigo "Cuba, la croisée des chemins", *Revue Tiers Monde*, t. XLIII, n. 171, p. 493-516, Paris.

lução desde a sua origem". Essa continua sendo a direção social e política das transformações econômicas na ilha, necessárias diante dos limites impostos pelo bloqueio econômico. O processo de dolarização presente na economia cubana até a atualidade, embora reforce contradições do período de transição, é parte de uma estratégia mais ampla, no sentido de manter os avanços sociais que Cuba conquistou com a Revolução.

Em janeiro de 2021, o governo cubano deu um passo importante na busca por eliminar a dualidade monetária com a chamada Tarea Ordenamiento Monetario y Cambial. Dentre as medidas mais significativas destaca-se o fim da circulação do CUC e a unificação das taxas de câmbio. Embora o país viesse se preparando para esse momento desde 2011, quando se iniciou o chamado processo de Atualização do Modelo Econômico e Social, a implementação dessas medidas em um contexto econômico bastante adverso por causa dos efeitos da pandemia e do acirramento do bloqueio econômico acabaram aprofundando os desafios internos e recolocando o problema da dolarização da economia.

CONSIDERAÇÕES FINAIS

A devida apropriação da racionalidade dialética de Marx se expressa nas análises de Nakatani, as quais, a partir dos estudos sobre a particularidade da economia cubana, possibilitaram sínteses acerca de processos de transição em geral do capitalismo para uma sociedade que lhe seja superior. Essas reflexões partem de um processo inicial de negação de uma compreensão que assume a tomada do poder como um momento ou que generalizam etapas no interior dos processos de transição, engessando numa determinada forma específica a construção do socialismo.

Nessa linha, se reconhece que são as próprias condições do país, inserido no capitalismo mundializado, que devem ser observadas nos estudos acerca dos processos de transição.

Nesse sentido, a partir dos estudos sobre a experiência cubana e seus limites e contradições quanto à presença do mercado e da lei do valor, assim como as polêmicas em torno da tese do socialismo de mercado, o professor defende a longevidade e a complexidade de se constituir um novo modo de produção em que a produção e apropriação da riqueza esteja direcionada para a melhoria das condições de vida e aponta a existência de um processo de transição como parte da construção do socialismo.

As contribuições sobre a transição socialista a partir da Revolução Cubana

Nakatani e Carcanholo (2002; 2008), a partir das reflexões de Che Guevara, apontam que o mercado e, consequentemente, a atuação da lei do valor podem coexistir com outras formas de propriedade durante o longo e complexo período de transição, mas à medida que a sociedade transita para um modo de produção que se contrapõe à lógica do capital suas contradições – dentre elas, o mercado e a própria lei do valor – devem ser progressivamente superadas. A produção passa a ser cada vez mais social e coletivizada, e a sociabilidade humana, baseada em relações diretas e imediatas, determinadas por formas de propriedade que condizem com esse objetivo.

Assim, sob o olhar atento e rigoroso de Nakatani, as mudanças econômicas adotadas por Cuba desde o início dos anos de 1990 ao mesmo tempo que engendraram contradições e desafios importantes para a construção da sociedade socialista, em especial a dolarização e a ampliação das relações mercantis, também são parte das estratégias do país para resistir à crise econômica e de seguir garantindo as conquistas sociais alcançadas pela classe trabalhadora cubana com a revolução. Apesar das dificuldades que isso vem colocando para o processo cubano, Cuba segue cumprindo e nutrindo as esperanças e as lutas por uma sociedade que supere as contradições do capitalismo.

REFERÊNCIAS

GUEVARA, Ernesto Che (1963). Consideraciones sobre los costos de producción como base del análisis económico de las empresas sujetas a sistema presupuestario. *In:* GUEVARA, Ernesto Che. *El gran debate sobre la economía en Cuba*: 1963-1964. La Habana: Ocean Sur, 2006.

NAKATANI, Paulo. "China e Cuba na transição ao socialismo". *Jornal do Economista* (Rio de Janeiro), n. 337, out. 2017. Disponível em: <https://www.corecon-rj.org.br/portal/jornal.php?a=2017>. Acesso em: 15 jun 2023.

NAKATANI, Paulo; CARCANHOLO, Marcelo Dias. "Cuba: socialismo de mercado ou planificação socialista". *Revista Políticas Públicas* (São Luís), v. 10, p. 7-34, jan.-jun. 2006.

NAKATANI, Paulo; CARCANHOLO, Marcelo Dias. "Crise e reforma de mercado: a experiência de Cuba nos anos 90". *Problemas del Desarrollo, Revista Latinoamericana de Economía*, IIEc-Unam (México),v. 33, n. 128, ene./mar. 2002.

NAKATANI, Paulo; CARCANHOLO, Marcelo Dias. "A planificação socialista em Cuba e o grande debate dos anos sessenta". *Cátedra Che Guevara*, Colectivo Amauta. oct. 2008. Disponível em: <https://lahaine.org/amauta/b2-img/Carcanholo%20Nakatani%20(Che%20y%20el%20debate).pdf>. Acesso em 10 mai. 2023.

NAKATANI, Paulo; HERRERA, Rémy. "A dolarização cubana: elementos de reflexão para uma desdolarização". *Revista Venezolana de Análisis de Coyuntura* (Caracas), v. IX, n. 2, p. 277-296, jul./dez. 2003. Disponível em: <https://www.redalyc.org/pdf/364/36490214.pdf>. Acesso em 15 jun. 2023.

CRISE DO CAPITAL E CRISE DA REPRODUÇÃO SOCIAL

LÍVIA DE CÁSSIA GODOI MORAES

Quando cheguei a Vitória, em março de 2014, para minha surpresa, meu supervisor de pós-doutoramento me esperava no aeroporto. Era Paulo Nakatani no *hall* de desembarque do aeroporto. É preciso dizer que, além das suas qualidades como intelectual, Paulo Nakatani é um excelente anfitrião. Do aeroporto seguimos para a Universidade Federal do Espírito Santo (Ufes), onde me apresentou para docentes e servidoras do Programa de Pós-Graduação em Política Social (PPGPS). Só quem chega a uma cidade onde não se conhece qualquer pessoa sabe o quanto esse tipo de acolhimento é importante.

Paulo Nakatani, que havia sido uma das grandes referências da minha tese de doutorado, passaria a ser um pesquisador com quem eu teria a honra de dialogar, debater e aprender ao longo de dois anos de pós-doutoramento e, até hoje, como colega de linha de pesquisa no PPGPS/Ufes.

Outra qualidade desse professor e pesquisador é ser um aglutinador de pessoas. Nakatani fomenta trabalhos coletivos, seja através de pesquisas, coletâneas de livros, organização dos encontros nacionais e internacionais de política social. Assim, ele deixa suas marcas históricas em nossas formações.

Meu encontro teórico com Nakatani se deu pela via do debate da financeirização; porém, nos últimos anos, tenho me dedicado aos estudos da teoria marxista feminista. Isso não quer dizer que os desenvolvimentos teóricos do grupo Dinheiro Mundial e Financeirização, coordenado por Paulo Nakatani, tenham perdido relevância. Pelo contrário: este capítulo tem o intuito de demonstrar como o desenvolvimento teórico da financeirização e da crise capitalista realizado pelo professor e pela chamada Escola de Vitória pode contribuir para uma análise marxista feminista da Teoria da Reprodução Social (TRS).

Lívia de Cássia Godoi Moraes

PRODUÇÃO E REPRODUÇÃO COMO TOTALIDADE. O MÉTODO DE MARX COMO PRESSUPOSTO DE ANÁLISE

A Escola de Vitória, marcada na sua origem por iniciativa, principalmente, de Paulo Nakatani e Reinaldo Carcanholo,[1] tem uma importante preocupação com o método de Marx. O método é o que permite olhar para as particularidades da totalidade capitalista e entender que as crises respondem a uma lógica tendencial do capital, marcadas, contudo, por conjunturas diversas.

Ao estudar financeirização e capital fictício no meu doutorado e, posteriormente, no pós-doutorado, pudemos avançar nas análises do que seja aparência e o que seja essência. Para apreender a essência dos objetos em análise, é preciso ter em conta que *o capital só existe em movimento*. Nesse sentido, Nakatani e Marques (2020, p. 8) explicam que "para se movimentar, o capital deve mudar de forma, realizar continuamente uma metamorfose [...]". Ademais, para compreender tais metamorfoses (no caso, da forma dinheiro para a forma mercadoria, a forma produtiva e seu retorno na forma dinheiro, ampliada pela mais-valia), é preciso ter em vista os diferentes *níveis de abstração* entre o capital geral e os capitais particulares. E, para analisar as particularidades, as *determinações históricas* são fundamentais.

Avançando no entendimento do movimento do capital, o trabalho desaparece, no nível fenomênico. A metamorfose do capital parece ocorrer autonomamente, alterando a relação sujeito-objeto, ou seja, reificando-a. Parece que o dinheiro e a mercadoria são sujeitos, e trabalhadores e trabalhadoras, objetos. Mas, se existe reprodução ampliada do capital, existe mais-valia e, portanto, exploração da força de trabalho.

Faremos, a partir de agora, uma breve explicação da relação capital-trabalho diante da metamorfose do capital no processo de financeirização e constituição do capital fictício, a partir do que foi aprendido nos estudos coletivos da Escola de Vitória.

Conforme Nakatani e Braga (2021) explicam, sociedades originárias já contraíam dívidas em trocas realizadas entre elas. Mas interessa aqui a forma específica que o crédito e, por conseguinte, a dívida tomam nas mo-

---

[1] Para além de Nakatani e Carcanholo, foram de enorme aprendizagem o convívio e os estudos coletivos com Maurício Sabadini, Helder Gomes e Adriano Teixeira, no período de meu pós-doutoramento, de 2014 a 2016.

dernas sociedades capitalistas. Para tanto, foi necessária a constituição histórica de um equivalente universal: o dinheiro.[2] Os bancos se tornaram figuras centrais na mediação do ciclo do capital, ao centralizar em si salários da classe trabalhadora, lucros dos capitalistas e contas de órgãos estatais. Quanto mais centralizam e concentram dinheiro, maior sua capacidade de realizar empréstimos, seja para empresas e Estados, seja para indivíduos da classe trabalhadora.

Com o imperialismo, enquanto fase superior do capitalismo (Lenin, 2003), na virada do século XIX para o século XX, intensificou-se a formação de monopólios, havendo aproximação entre bancos e indústrias e unificação entre capital produtivo e capital bancário. A acumulação no sistema de crédito possibilitou o crescimento da forma "capital portador de juros".[3]

Para entender o capital portador de juros, é preciso ter em mente que "enquanto dinheiro acumulado sob a forma de tesouro, ele [dinheiro] não é capital, mas na medida em que ele pode ser emprestado ao capital produtor de mercadorias e ao capital comercial, ele é capital potencial" (Nakatani; Marques, 2020, p. 29). Ou seja, o proprietário do capital dinheiro, ao se apresentar como credor a um capitalista industrial ou comerciário, espera receber de volta o montante emprestado, adicionado de juros. Ele próprio não participa diretamente do ciclo da produção, mas o capitalista que tomou o empréstimo contrata, de forma assalariada, um trabalhador ou trabalhadora a fim de produzir lucro, do qual parte se consubstancia em juros e volta para a posse do capitalista-proprietário. Acompanhar o movimento permite entender o lugar da exploração da força de trabalho, a qual não é marginal, mas, ao contrário, central, mesmo quando aparentemente o dinheiro gera mais-dinheiro, assim como a pereira dá peras.

O sistema de crédito seguiu se desenvolvendo e se diversificando, com importante aceleração a partir da segunda metade do século XX, com ad-

---

[2] "[...] o processo histórico que institui o dinheiro moderno, que ocorreu, grosso modo, entre os séculos XV-XVIII, marca também a transformação das relações de dívida monetizadas em dívidas em dinheiro, qual seja, dívidas denominadas no representante universal da riqueza social capitalista." (Nakatani, Braga, 2020, p. 92-3)

[3] "O capital, sob a forma de capital portador de juros, é acumulado no sistema de crédito – em particular, no sistema bancário – por meio dos depósitos das famílias, empresas, governos, das aplicações em depósito de poupança, depósitos a prazo, em fundos de investimentos, em títulos da dívida privada, como letras financeiras, letras de crédito do agronegócio ou letras de crédito imobiliárias, e em títulos da dívida pública." (Nakatani, 2021, p. 105)

vento da internet e das tecnologias de informação. A imensa acumulação de capital metamorfoseia uma boa parcela do capital na forma portadora de juros em capital fictício.

Segundo Nakatani e Marques (2020) e Nakatani (2021), Marx não define o que é capital fictício, mas apresenta suas formas, as quais se desdobram atualmente em: capital bancário, dívida pública, valor acionário, derivativos e moedas (assim como criptomoedas).[4]

Essa ausência de definição é própria do método de Marx:

> O método marxista trata os fenômenos sociais como processos em transformação, movidos por uma dinâmica decorrente de suas contradições internas que não podem ser captadas por definições. Estas só podem capturar o estático. Mais do que isso, as realidades resumem-se aos próprios movimentos e eles são passíveis de descrição e de compreensão, mas nunca de definição. Os movimentos implicam sempre metamorfoses. A realidade é o próprio movimento, aquela inexiste fora deste. (Nakatani, Carcanholo, 2015, p. 32)

Ao contrário do capital portador de juros, que, embora improdutivo, cumpre uma função indispensável à circulação do capital industrial, "o capital fictício é total e absolutamente parasitário" (Nakatani; Carcanholo, 2015, p. 52), ele não produz mais-valia, mas dela se apropria, em magnitude crescente, ao ponto de implodir crises de efeitos globais.

Na tentativa de explicar o movimento, exemplificaremos pelas formas capital bancário, capital acionário e dívida pública. Para tanto, há novamente a exigência de atenção ao método, em especial ao *movimento contraditório e dialético* que o capital fictício explicita: "[...] o capital fictício tem existência real e sua lógica interfere realmente na trajetória e nas circunstâncias da valorização e da acumulação. O capital fictício tem movimento próprio. Assim *ele é real de certa maneira e, ao mesmo tempo não é*" (Nakatani; Carcanholo, 2015, p. 47, grifos nossos).

Aqui retomamos um elemento já mencionado que diz respeito ao método marxiano: a atenção aos níveis de abstração (singular, particular e universal). No caso do capital bancário,[5] por exemplo, nós, indivíduos da classe trabalhadora, acreditamos que nossos salários depositados nas contas correntes dos bancos estão parados nos cofres à espera dos nossos saques e pagamentos de

---

[4] Estão, em *O capital*, as três primeiras, sobre as quais desenvolveremos mais adiante.

[5] Para uma análise histórica mais detalhada da conformação do comércio de dinheiro, ver Nakatani e Braga (2021) e Nakatani e Marques (2020).

contas. Contudo, conforme Nakatani e Marques (2020, p. 41) explicam, isso é pura ilusão: "o dinheiro depositado, do ponto de vista do depositante, é dinheiro, mas, do ponto de vista do banqueiro, é capital em potencial". Os bancos emprestam a outros, na forma de dinheiro de crédito, as nossas poupanças, ao ponto de, cada vez mais, fazer empréstimos acima do valor depositado, criando, assim, capital fictício.[6]

O mesmo ocorre com o mercado de ações, nossa segunda exemplificação. A concorrência entre empresas e o processo de mundialização do capital impulsionaram empresas a se organizarem na forma de sociedades anônimas. Os sócios dessas empresas são acionistas, e não mais um indivíduo ou uma família. Geralmente tais ações são negociadas nas bolsas de valores, e pode até ser que, de início, o valor nominal em ações corresponda ao valor patrimonial,[7] mas a especulação na bolsa pode fazer variar os preços das ações, em completo descompasso com o ciclo de reprodução e acumulação do capital industrial, produzindo um enorme volume de capital fictício. Também ocorre uma duplicação na forma física (estoques de matérias-primas ou mercadorias ainda não realizadas, por exemplo) e na forma fictícia, em simultâneo, quando a empresa investe como capital real/físico o montante recebido com a negociação de ações. Tais movimentações podem, inclusive, gerar complicações na hora da distribuição dos dividendos. Assim, para o indivíduo que tem em mãos ações de uma empresa, a possibilidade de vendê-las significa alguma riqueza material, mas do ponto de vista da totalidade, principalmente em momentos de crise, esses papéis podem se tornar mera fumaça.

A terceira exemplificação é a da dívida pública, a qual nasceu no bojo da constituição dos Estados-nação, com a burguesia financiando os Estados sob o poderio de uma aristocracia decadente. Passados séculos, os governos ainda se endividam para financiar seus gastos e investimentos (construir pontes, hidroelétricas, estradas, empresas etc.). Com acentuado processo de negociação de títulos no mercado secundário, esses títulos assumem a forma de capital fictício. As tomadas de decisões de parlamentares se pautam muito mais nos interesses de financistas do que na finalidade de investir ou arcar com os gas-

---

[6] Esse processo se acirrou com o fim do padrão-ouro.

[7] O patrimônio de uma empresa pode estar "sob a forma de edifícios, máquinas, equipamentos, ferramentas, matérias-primas em estoque, produtos em elaboração, produtos acabados e até na forma dinheiro" (Nakatani, 2021, p. 117).

tos correntes dos governos. Trata-se de um investimento seguro para especuladores, na medida em que o Estado retira dos gastos sociais e dos direitos da classe trabalhadora, aumenta impostos, realiza contrarreformas e, no limite, garante o pagamento dos juros. Mais uma vez, do ponto de vista individual, a promessa é de segurança e estabilidade; porém, em termos de totalidade, as crises e a violência econômica, cada vez mais bárbara, se aprofundam, em especial nos países periféricos.

Gostaria de destacar, portanto, dois elementos de enorme relevância: primeiro, como o capital fictício escancara (ao mesmo tempo que esconde) a contradição interna do movimento do capital e, em somatório, estabelece uma relação implacável com o processo de trabalho.

Nakatani e Carcanholo (2015, p. 47, grifos nossos) explicam que o capital fictício não é um capital criado de forma meramente ilusória e ponto. Ele é e não é ao mesmo tempo:

> [...] aquele título aparece nas mãos de seu detentor como seu verdadeiro capital, mas, para a sociedade como um todo, não passa de um capital fictício, embora com movimento próprio e com certa independência do capital real. *Do ponto de vista individual, é capital real, do ponto de vista da totalidade, do global, é capital fictício.*

Da perspectiva do fenômeno, o trabalho parece desaparecer no movimento do capital fictício. No entanto, a relativa autonomia deste não significa que não interfira na dinâmica da acumulação capitalista (Sabadini, 2012) e as implicações disso têm um grau de perversidade alto, porque envolvem não só o presente, mas também uma promessa de trabalho futuro, já que é um desdobramento acentuado do capital portador de juros. A especulação em torno de ações de empresas ou títulos da dívida apontam, de início, para um retorno financeiro no futuro, o qual advém e advirá da intensificação dos níveis de exploração, do sequestro de direitos trabalhistas, do aumento de taxação e percentual nos impostos sobre a classe trabalhadora, da privatização de serviços públicos, dentre outros.

***

Do exposto até aqui, passo a explicar como a apreensão do movimento do capital, em especial em tempos de dominância do capital fictício, auxilia na análise das opressões, em particular a de gênero, em unidade com a exploração capitalista. Tal desenvolvimento se dá desde a perspectiva da TRS,[8] uma proposta de análise feminista marxista em processo de construção na última década.

O primeiro ponto que gostaria de destacar é a observação dos *níveis de abstração* na análise, partindo da noção de classe trabalhadora. Não é possível compreender o funcionamento da sociedade contemporânea apresentando meramente a classe trabalhadora em abstrato. Para tanto, sugerimos três elementos para a análise: o primeiro diz respeito à *relação entre trabalho abstrato e trabalho concreto*; o segundo deve levar em conta o *caráter ontológico do trabalho* e a compreensão de quem é o ser social que trabalha a partir do concreto, enquanto síntese de múltiplas determinações; e, por último, a *estrutura da reprodução social* e como a classe trabalhadora produz a sua existência e regenera a força de trabalho.

O caráter fetichista do capital fictício esconde o trabalho do movimento do "dinheiro que gera mais dinheiro"; ainda assim, realizando as mediações necessárias em busca da essência, encontramos o trabalho abstrato, a exploração da força de trabalho e a produção de mais-valia, e como a dinâmica financeirizada do capital interfere e parasita o capital produtivo e, por conseguinte, o trabalho produtivo. Mas, se quisermos avançar no desvelamento do fenômeno, será preciso progredir para o nível de abstração mais concreto e entender como o mundo do trabalho é afetado, quais trabalhos concretos e quem são esses trabalhadores e essas trabalhadoras.

A experiência concreta do trabalho não se diferencia apenas quanto ao tipo específico de trabalho – operário(a), marceneiro(a), padeiro(a), professor(a), médico(a) etc. –, mas também deve ser pensada como experiência concreta corporificada. Os corpos que trabalham são diferentemente sexuados, generificados, racializados e possuem diferenciadas capacidades (Ferguson, 2017; Bhattacharya, 2023). Nesse sentido, é fundamental olhar para o caráter ontológico universal do trabalho, enquanto atividade social prática, e a particularidade histórica do trabalho no capitalismo.

Daí que outro elemento chave para a TRS, a *totalidade*, tomada do próprio marxismo, parece ser de suma relevância se quisermos avançar na compreensão da realidade concreta do tempo presente. Ao reivindicar a totalidade, é imprescindível analisar o trabalho, para além do âmbito da produção,

---

[8] Para conhecer mais, ver Bhattacharya (2023).

no da reprodução. Já dissemos que o capital fictício tem autonomia relativa, mas está determinado e implicado no movimento da riqueza real no processo de acumulação capitalista. Tal processo depende da exploração de uma mercadoria especial, a única capaz de valorizar valor: a força de trabalho.

Quem (re)produz, como se (re)produz e onde se (re)produz a força de trabalho? Tais questões permeiam a TRS. Ao longo da história do desenvolvimento do capitalismo há um espaço privilegiado e duradouro da reprodução da força de trabalho: a unidade familiar doméstica (Vogel, 2022). Nesse espaço, é desproporcional o quanto as tarefas de reprodução são executadas por mulheres, o que nos ajuda a compreender os fundamentos da opressão de gênero para a acumulação de capital.

Porém, as famílias também não existem em abstrato, é preciso observar sob quais condições, costumes e exigências da vida essa força de trabalho se reproduz (Bhattacharya, 2023). Marx (2013), ao desenvolver suas análises sobre a reprodução da força de trabalho, não se limitou a levar em conta as mercadorias necessárias, mas chamou a atenção para o fato de que determinantes histórico-morais devem ser analisados. Isto posto, temos que são produzidos diversos tipos de força de trabalho, cuja reprodução é marcada por raça, nacionalidade, gênero e capacidade, os quais, via processos de opressão, vão produzir força de trabalho mais, ou menos, degradada – portanto, mais, ou menos, barata.

Vogel (2022) complexifica a análise e diz que a força de trabalho não é reabastecida tão somente pela reposição geracional, ou seja, pela reprodução biológica, mas a escravização e os processos de migrações e fugas também repõem força de trabalho em determinadas fronteiras geopolíticas. Pensar a atualidade do imperialismo e os processos de circulação do capital via financeirização não pode eximir de levar em conta a reprodução, a qual não se basta na recomposição de corpos para o trabalho, mas também na constituição de subjetividades, o que envolve processos de alienação e reprodução de opressões, tais como racismo, sexismo e capacitismo, criando hierarquias no interior da própria classe. Tais marcadores sociais diferenciados não são pura ideologia, mas se referem às bases materiais: "[...] distintos níveis de acessos a aspectos básicos para produção e reprodução de sua força de trabalho, como alimentação, moradia, saúde, educação lazer e transporte" (Rocha *et al.*, 2022, p. 41).

Portanto, pensar a unidade necessária e contraditória entre produção e reprodução significa olhar a luta de classes para além do local do trabalho remunerado, para sistemas de educação, saúde, assistência social, cultura, lazer etc. Espaços esses onde também há uma predominância de trabalhadoras mulheres.[9]

A resistência e/ou luta por revogação de contrarreformas de Estados neo/ultraliberais têm relação com a forma como se constitui essa força de trabalho. A luta contra o sexismo, o racismo, o capacitismo e a xenofobia também têm relação com o modo como se constitui essa força de trabalho. Portanto ser "liberal na economia e conservador nos costumes" não é um contrassenso, é um projeto capitalista que degrada e barateia a força de trabalho.

> Além da imagem bidimensional do produtor direto individual preso ao trabalho assalariado, vê-se agora inúmeras capilarizações de relações sociais se estendendo entre local de trabalho, casa, escolas, hospitais – um todo social mais amplo, sustentado e coproduzido pelo trabalho humano de maneiras contraditórias, porém, constitutivas. Se direcionarmos nossa atenção para aquelas veias profundas da incorporação de relações sociais em qualquer sociedade atual hoje, como podemos deixar de encontrar o sujeito caótico, multiétnico, multigenerificado e com diferentes capacidades que constitui a classe trabalhadora global? (Bhattacharya, 2023, p. 128)

Assim, se quisermos fazer uma luta efetiva contra a barbárie capitalista, aprofundada em tempos de dominância do capital fictício, é preciso ter em vista que as lutas antiopressões, anticoloniais, ecológicas, por sistema de saneamento básico, contra a privatização das águas etc. podem afetar a movimentação e a metamorfose do capital. Por isso, também, a crise capitalista, que busca na financeirização uma resposta contratendencial que – diga-se de passagem, só a faz acirrar – se desdobra em crise da reprodução social.

O capital vive, desde sua origem, uma contradição interna: desenvolve tecnologias a fim de prescindir da força de trabalho humana, mas ela própria é a mercadoria central de acumulação, capaz de, via exploração, valorizar valor. O capital precisa que pessoas com útero, majoritariamente mulheres, gerem crianças, mas isso as torna menos produtivas para o capital, seja no trabalho remunerado, seja no trabalho de reprodução doméstico não remunerado. "Do ponto de vista da classe dominante, existe então, uma potencial contradição entre sua necessidade imediata de apropriação de tra-

---

[9] Cabe destacar que pessoas LGBTQIAPN+ também ocupam muitos postos de trabalho de reprodução, exatamente porque são menos valorizadas socialmente.

balho excedente e sua demanda de longo prazo por uma classe que o realize" (Vogel, 2022, p. 338).

Porém, a crise atual do capital é, conforme Mézáros (2010), uma crise estrutural, rastejante. Arruzza, Bhattacharya e Fraser (2019, p. 104) advertem que, nas últimas décadas, a crise do capitalismo tem tido a particularidade de ter efeitos globais, enquanto, em outros momentos, afetava mais restritivamente as populações já "dispensáveis e sem poder" e que, "hoje, todas as contradições do capitalismo se encontram em ponto de ebulição".

Como vimos, toda a movimentação do capital é insustentável sem o trabalho de reprodução; contudo, o capitalismo sob dominância do capital fictício está esgotando sistematicamente nossas capacidades individuais e coletivas de reconstituir a força de trabalho e sustentar os laços sociais, seja no âmbito da produção (dado que os salários são insuficientes para cobrir os custos da reprodução), seja em razão da privatização e do sucateamento dos serviços públicos (que deterioram as condições de reprodução) (Arruzza; Bhattacharya; Fraser, 2019). Resta uma classe trabalhadora degradada e endividada, carcomida pela barbárie capitalista.

Conforme Nakatani (2020, p. 94), a crise do capital se manifesta nessa tentativa incólume de "ganhar dinheiro sem passar pelas agruras da produção", e só consegue fazê-lo de forma relativa, contraditoriamente, massacrando a sua principal fonte de valor: a força de trabalho.

***

Nessas poucas páginas, não fizemos senão dar pistas e fazer provocações teóricas para futuras pesquisas e para a construção de lutas estratégicas contra o capital, as quais, acreditamos, só terão efetividade sem hierarquizar as lutas contra a exploração frente às lutas contra as opressões –portanto, uma luta alicerçada em solidariedade, utilizando as diferenças ontológicas e a unidade de classe como contrapontos às diferenças, que fragmentam e oprimem, impostas pelo capital.

A nascente Teoria da Reprodução Social pode ser um importante aporte para, junto do arcabouço marxista da Escola de Vitória, fazer a luta avançar!

Este breve ensaio ratifica que o legado de 50 anos de docência e pesquisas de Paulo Nakatani ainda tem muito a nos ensinar.

REFERÊNCIAS

ARRUZZA, Cinzia; BHATTACHARYA, Tithi; FRASER, Nancy. *Feminismo para os 99%:* um manifesto. São Paulo: Boitempo, 2019.

BHATTACHARYA, Tithi (org). *Teoria da Reprodução Social:* remapear a classe, recentralizar a opressão. São Paulo: Elefante, 2023.

FERGUSON, Susan. "Feminismo interseccional e da reprodução social: rumo a uma ontologia integrativa". Campinas (SP), *Cadernos Cemarx*, n. 10, 2017.

LENIN, Vladimir Ilitch. *O imperialismo:* fase superior do capitalismo. São Paulo: Centauro, 2003.

MARX, Karl. *O capital.* São Paulo: Boitempo, 2013.

MÉSZÁROS, István. Das crises cíclicas à crise estrutural. *In:* MÉSZÁROS, István. *Atualidade histórica da ofensiva socialista.* São Paulo, Boitempo, 2010.

NAKATANI, Paulo. As formas concretas e derivadas do capital portador de juros. *In:* NAKATANI, Paulo; MELLO, Gustavo Moura de Cavalcanti. *Introdução à crítica da financeirização:* Marx e o moderno sistema de crédito. São Paulo: Expressão Popular, 2021.

NAKATANI, Paulo; BRAGA, Henrique. O sistema de crédito moderno. *In:* NAKATANI, Paulo; MELLO, Gustavo Moura de Cavalcanti. *Introdução à crítica da financeirização:* Marx e o moderno sistema de crédito. São Paulo: Expressão Popular, 2021.

NAKATANI, Paulo; CARCANHOLO, Reinaldo. O capital especulativo parasitário: uma precisão teórica sobre o capital financeiro, característico da globalização. *In:* GOMES, Helder (org.). *Especulação e lucros fictícios:* formas parasitárias da acumulação contemporânea. São Paulo: Outras Expressões, 2015.

NAKATANI, Paulo; MARQUES, Rosa Maria. *Capitalismo em crise.* São Paulo: Expressão Popular, 2020.

ROCHA *et al*. Apresentação das tradutoras. *In:* VOGEL, Lise. *Marxismo e opressão às mulheres:* rumo a uma teoria unitária. São Paulo: Expressão Popular, 2022.

SABADINI, Maurício de Souza. Trabalho e especulação financeira: uma relação (im)perfeita. *Temporalis,* v. 11, n. 22, p. 241–270, 2012. DOI: 10.22422/2238-1856.2011v11n22p241-270.

VOGEL, Lise. *Marxismo e opressão às mulheres:* rumo a uma teoria unitária. São Paulo: Expressão Popular, 2022.

A FORMAÇÃO DOS(DAS) ECONOMISTAS E A ECONOMIA POLÍTICA NO BRASIL: CONTRIBUIÇÕES DO PROFESSOR PAULO NAKATANI NA ANGE E NA SEP

CAMILLA DOS SANTOS NOGUEIRA
POLLYANNA PAGANOTO MOURA

INTRODUÇÃO

Paulo Nakatani é sem dúvida um dos maiores nomes na área de economia política no Brasil. Com uma produção intelectual extensa e notável, ele construiu uma carreira sólida, focada em questionar, explorar e desvendar os meandros do modo de produção capitalista. Sua investigação científica mais atual se concentra no processo designado como "financeirização da economia", uma esfera na qual detém uma extensa gama de publicações e análises críticas, demonstrando-se indispensável para a compreensão desse fenômeno contemporâneo. Contudo, a amplitude de seu escopo de estudo transcende essa área específica, abrangendo uma variedade de temas correlatos ao Estado, à política fiscal e monetária, ao setor externo e ao socialismo. Seu trabalho tem contribuído para lançar luz sobre essas áreas complexas e fundamentais da economia brasileira e mundial.

Nakatani embarcou em uma jornada acadêmica que o levou a estudar em algumas das mais prestigiosas instituições de ensino e pesquisa do mundo. Ele obteve seu doutorado em Economia na Universidade de Picardie, na França, em 1982. Em 2002 obteve um pós-doutorado pela Universidade de Paris XIII, uma das principais instituições de ensino superior da França, e em 2009 na Universidade Complutense de Madri, Espanha,

Desde 1992 é professor da Universidade Federal do Espírito Santo (Ufes), atuando na posição de professor titular desde 2016. A trajetória acadêmica do professor Paulo, moldada por estudos e pesquisas realizados internacionalmente, agregou valor significativo ao ambiente acadêmico da

Ufes. Ele integra o corpo docente do Departamento de Economia e do Programa de Pós-Graduação em Política Social.

Tem ministrado uma variedade de disciplinas que exploram a profundidade e a amplitude de seu conhecimento econômico. Entre as disciplinas que lecionou na graduação, destaca-se a Economia Monetária, na qual os alunos têm a oportunidade de se aprofundar nos princípios fundamentais que governam a política monetária e suas implicações na economia global e brasileira. No nível de pós-graduação, ele ministrou, dentre outras, Estado e Reprodução Social, uma disciplina que oferece uma análise perspicaz e aprofundada da interação entre as estruturas estatais e a sociedade.

Além de sua atuação na Ufes, Nakatani contribui como professor colaborador na Escola Nacional Florestan Fernandes. Essa atuação adicional sublinha a natureza de seu compromisso contínuo com a educação, reforçando seu papel no desenvolvimento de cidadãos cuja consciência e engajamento são fundamentais para a transformação da sociedade.

Sua atuação, no entanto, atravessa as fronteiras das salas de aula. Ele é membro do conselho editorial da *Revista da Sociedade Brasileira de Economia Política* e de *Crítica Marxista*, duas publicações acadêmicas importantes no campo da economia política. Sua participação nessas revistas evidencia seu compromisso com a promoção e o avanço do pensamento crítico e inovador na economia. Ademais, é igualmente membro do Observatório Internacional da Crise, do Fórum Mundial de Alternativas e da Sociedade Latino-Americana de Economia Política e Pensamento Crítico (Sepla)

Talvez um dos maiores legados do professor Paulo Nakatani para o ensino e a pesquisa no Brasil seja sua participação na criação da Associação Nacional dos Cursos de Graduação em Ciências Econômicas (Ange) e da Sociedade Brasileira de Economia Política (SEP).

Ao longo de sua carreira, o professor tem se dedicado a criar espaços de construção teórica e debate na área da economia, o que se reflete, dentre outras ações, no desenvolvimento desses dois espaços de promoção do ensino e pensamento crítico.

Convidamos, então, os leitores desta homenagem a imergir no relato sobre a formação da Ange e da SEP, instituições que transformaram o panorama do pensamento econômico no Brasil. Ao longo desta jornada, destacaremos a participação significativa de Paulo Nakatani, cujo trabalho

A formação dos(das) economistas e a economia política no Brasil:
contribuições do professor Paulo Nakatani na Ange e na SEP

persistente tem sido um componente crucial para a evolução e o aprofundamento de uma perspectiva crítica em nosso país.

CONTEXTO HISTÓRICO E POLÍTICO DA ANGE E DA SEP, E A PARTICIPAÇÃO DO PROFESSOR PAULO NAKATANI

No campo teórico-metodológico a Ciência Econômica é formada por diferentes correntes teóricas, cujas determinações resultam em formas diferenciadas de atuação e transformação da realidade política e social, a partir da formação e do desenvolvimento do capitalismo (Corazza, 2009). As transformações decorrentes do domínio do capital na produção de mercadorias e na geração de mais-valia geram novas relações de trabalho, formação de lucro e valorização do capital, propiciando a formação de teorias econômicas com paradigmas que estão em permanente confronto. Para simplificar, sem, no entanto, incorrer em um reducionismo de análise, pode-se dizer que dessas correntes teóricas derivam aquelas que seguem uma ortodoxia metodológica fortemente positivista e aquelas com perspectiva dialética e crítica.

Nos cursos de economia do Brasil, até os anos 1980 predominavam as correntes ortodoxas, enquanto a formação crítica com viés marxista estava ausente do conteúdo ofertado aos(às) estudantes de graduação e pós-graduação do país. Estava consolidada no território nacional a formação do economista com base em autores do *mainstream*, com ênfase na quantitatividade e baseada em manuais. Segundo Nakatani (2021), é a partir da crise econômica mundial, iniciada no final dos anos 1960, que surge a necessidade de buscar na teoria econômica elementos explicativos políticos e sociais, abrindo a discussão em torno das limitações da formação do economista no Brasil.

O contexto econômico do país juntamente com a criação de importantes instituições, como a Ange e a SEP, criaram as condições objetivas para a reestruturação dos cursos de Economia do país e consequentemente para a formação de economistas com uma perspectiva heterodoxa. A consolidação deste processo ocorreu em 1984, quando da aprovação da resolução 11/84, durante o governo do general João Baptista de Oliveira e Figueiredo, e do parecer n. 375/84 do Conselho Federal de Educação. Com esses instrumentos, foi aprovado o novo currículo mínimo[1] para os cursos de economia do Brasil. A partir

---

[1] "O novo currículo mínimo foi resultado de uma longa e ampla discussão iniciada em 1972 pela Associação Nacional dos Cursos de Pós-graduação em Economia (ANPEC), pela designação de

de então, ampliaram-se disciplinas com conteúdo heterodoxo, visando, nas palavras de Nakatani (2021, p. 5): "[...] o comprometimento com os estudos da realidade brasileira, a sólida formação teórica, histórica e instrumental, o pluralismo metodológico, a ênfase na ligação dos fenômenos econômicos ao todo social e a transmissão aos estudantes de um senso ético de responsabilidade social".

Na disseminação e implementação das diretrizes do novo currículo nos cursos de graduação em economia trabalharam arduamente o Conselho Federal de Economia, conselhos regionais, professores de diversas partes do país, com destaque para o professor da Ufes Pedro José Mansur (Nakatani, 2021), que percorreu o país apresentando as diretrizes e promovendo articulações com diversos professores e cursos de graduação em Economia. Juntamente, foi fundada em 1985 a Ange,[2] que foi fundamental para as transformações nos cursos de graduação em Economia no Brasil e para a inclusão da economia política e dos estudos marxistas no conteúdo dos cursos em todo país.

Desse modo, a Ange buscava a implementação de um currículo mínimo e plural nos cursos de Ciências Econômicas no Brasil, promovendo uma abordagem mais diversificada e heterodoxa no ensino da Economia. Essa instituição estabeleceu a implementação de uma diretriz curricular nos cursos de Ciências Econômicas, garantindo à economia seu reconhecimento como uma ciência social.

Paulo Nakatani participou ativamente desse processo, trabalhando para garantir que os programas de estudo em Economia no país refletissem uma diversidade de teorias e perspectivas. Em 1990, Nakatani foi presidente da comissão organizadora do V Congresso da Ange, realizado em Natal (RN) (Imagem 1). Nos congressos organizados pela Ange, eram realizadas trocas de experiências relativas às práticas de ensino, como métodos de aprendizagem, referências bibliográficas, desafios e limitações, que permitiram um profícuo intercâmbio, entre professores e estudantes de todo o país.

---

uma comissão pela Secretaria de Educação Superior do MEC em 1982, e pela participação do Conselho Federal de Economia (COFECON) e outras entidades de economistas no processo de disseminação e discussão das propostas desenvolvidas." (Nakatani, 2021, p. 4)

[2] A Ange começou a ser organizada durante o I Congresso Brasileiro dos Cursos de Graduação em Economia, realizado em 1985.

A formação dos(das) economistas e a economia política no Brasil: contribuições do professor Paulo Nakatani na Ange e na SEP

Imagem 1: Anais do V Congresso da Ange

Fonte: Ange (1990). Arquivo pessoal de Paulo Nakatani.

Ainda na Ange, Nakatani foi secretário executivo, compondo o mandato da diretoria executiva no biênio 1991-1993, titular da diretoria docente no biênio 2006-2008 e diretor regional da Região Sudeste III (ES) no biênio 2009-2011. Nessa atuação, Nakatani contribuiu para a construção dos *Cadernos Ange: Orientações Acadêmicas* (Imagem 2), nos quais são publicados trabalhos com orientações acadêmicas, como propostas comentadas de programas, grades curriculares, além de aspectos metodológicos e pedagógicos sobre o ensino de economia.

Imagem 2: ***Cadernos Ange: Orientações acadêmicas***

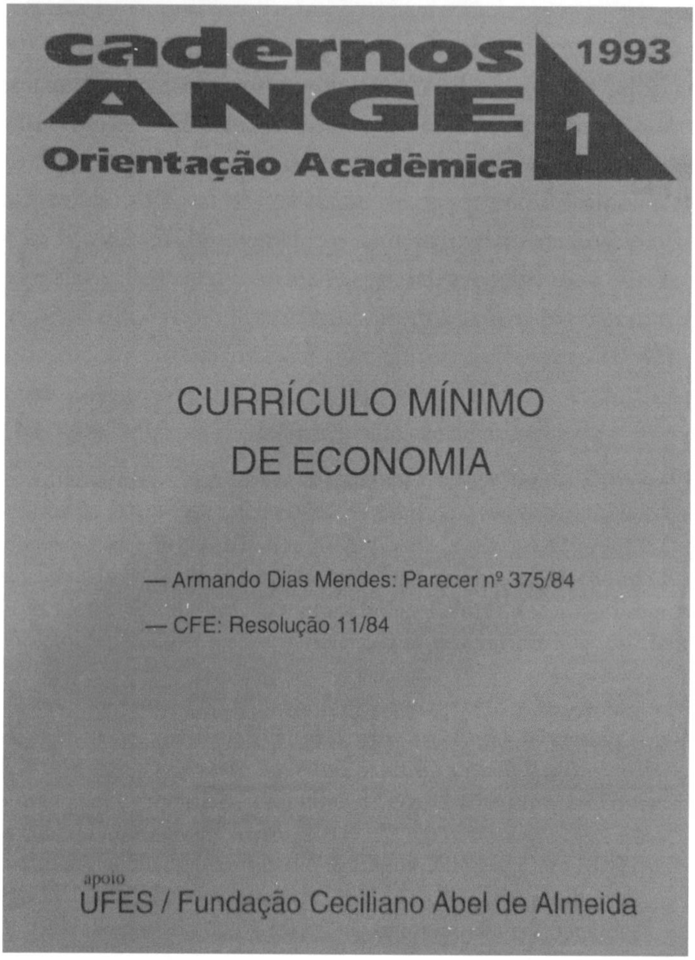
cadernos ANGE 1993 1
Orientação Acadêmica

CURRÍCULO MÍNIMO
DE ECONOMIA

— Armando Dias Mendes: Parecer nº 375/84

— CFE: Resolução 11/84

apoio
UFES / Fundação Ceciliano Abel de Almeida

Fonte: Ange (1993); Ange (2006). Arquivo pessoal de Paulo Nakatani.

Nos *Cadernos da Ange: Série Textos Didáticos* foram publicados traduções e textos que serviam como instrumento didático, dada a inexistência de bibliografia de qualidade em várias áreas do ensino de economia. Destaca-se o texto "Tendências de globalização, crise do Estado nacional e seus impactos sobre o Brasil" (Imagem 3), de Maria da Conceição Tavares (1993), no qual a respeitada economista apresenta seus primeiros estudos sobre a globalização, apontando os aspectos determinantes do processo de regionalização.

A formação dos(das) economistas e a economia política no Brasil:
contribuições do professor Paulo Nakatani na Ange e na SEP

Imagem 3: *Cadernos Ange: Série Textos Didáticos*

Fonte: Tavares (1993). Arquivo pessoal de Paulo Nakatani.

Paulo Nakatani, em sua atuação na Ange, contribuiu em grande medida para a discussão sobre a formação do economista no Brasil, com compromisso de elevar a qualidade do ensino de economia em todo o país, primando pelo pluralismo teórico-metodológico que contemple diversidade de leituras e interpretações teóricas.

Deste contexto frutífero de transformação dos cursos de graduação no Brasil, surge a SEP, idealizada durante o IX Congresso da Ange, quando os grupos de Economia Clássica e Política propuseram a construção de um espaço acadêmico que lhes permitisse aprofundar os estudos de economia política. Assim, em 1996, na Faculdade de Economia da Universidade Federal Fluminense, se realizou o I Encontro Nacional de Economia Clássica e Política e fundou-se a SEP, permitindo que renomados acadêmicos e professores heterodoxos pudessem apresentar e debater suas produções. Ao longo dos 27 anos da SEP, estudantes de graduação e pós-graduação, do Brasil e de outros países, vêm encontrando condições para estudar a economia a partir de elementos teóricos cuja base expande a compreensão da reprodução do capitalismo em sua totalidade, com viés crítico, político e social.

Nakatani é um dos principais responsáveis pelo surgimento e fortalecimento da SEP. O professor compôs o grupo de fundação, tendo redigido a primeira ata, um ato que formalizou a criação da SEP e solidificou o compromisso do professor com a propagação de um pensamento econômico mais crítico e plural no Brasil. Foi presidente por dois biênios, 2008-2010 e 2010-2012; vice-presidente no biênio 2004-2006; diretor nos biênios 1998-2000 e 1996-1998; e editor responsável da *Revista da SEP* entre os anos 1998 e 2002[3] e entre 2002 e 2008[4].

Em sua atuação na Ange e na SEP, Nakatani vem contribuindo ativamente para a construção de espaços que propiciam debates sobre a economia e a política, com aprofundamento teórico no campo marxista por meio de leituras críticas do capitalismo brasileiro e mundial. Essas instituições promovem um ambiente no qual os economistas podem desafiar as visões convencionais, questionar o *status quo* e explorar novas teorias e conceitos econômicos. Isso vem criando um terreno fértil para a reflexão crítica, o que tem enriquecido a prática e o estudo da economia no Brasil.

DESAFIOS CONTEMPORÂNEOS E PERSPECTIVAS FUTURAS: A IMPORTÂNCIA DA ANGE E DA SEP PARA OS CURSOS DE ECONOMIA DO BRASIL

Olhando para o futuro, a Ange e a SEP, instituições que Paulo Nakatani ajudou a fundar, mantêm-se como baluartes da economia política no Brasil. Cada uma delas tem um papel relevante na manutenção da pluralidade

---

[3] Entre 1998 e 2002, Paulo Nakatani foi editor responsável da *Revista da SEP* nas edições 3 a 9.

[4] Entre 2002 e 2008, Paulo Nakatani foi editor responsável da *Revista da SEP,* ao lado da professora Rosa Maria Marques, nas edições 10 a 22.

do ensino e da pesquisa em economia, permitindo que as futuras gerações de economistas possam ser formadas em um ambiente intelectualmente enriquecedor e diversificado.

No entanto, nos últimos anos, observou-se uma tendência nos cursos de Economia do Brasil que demonstra um afastamento do currículo mínimo plural, com diversidade teórica-metodológica. Essa transição marcou um caminho em direção a uma postura mais ortodoxa e tecnicista, conferindo maior peso às disciplinas quantitativas em detrimento da elaboração teórica complexa e multifacetada.

É crucial enfatizar, entretanto, que a crise do capitalismo – evidenciada pelas tensões geopolíticas entre a China e os Estados Unidos, bem como pelo impasse entre a Rússia e a Ucrânia – resulta em mudanças substanciais na dinâmica do capital. Tais transformações, ao alterar as condições de geração e concentração de riqueza, oferecem um terreno propício para o surgimento e fortalecimento de abordagens econômicas alternativas, que estão preparadas para desafiar e contestar a lógica dominante do pensamento econômico convencional.

Em meio a essa conjuntura, a relevância das instituições críticas de economia, tais como a Ange e a SEP, se torna ainda mais evidente. Portanto, é imperativo aproveitar o momento atual para fortalecer essas organizações, garantindo que a reflexão sobre a economia continue a ter um lugar significativo e influente no cenário acadêmico e na formulação de políticas.

Sendo assim, a poderosa marca deixada por Paulo Nakatani continuará a inspirar e influenciar as gerações futuras de economistas. A sua contribuição inestimável para o desenvolvimento da economia política no Brasil, marcada pelo compromisso com o pensamento crítico e a formação de um campo acadêmico plural e robusto, será sempre lembrada e valorizada. A sua trajetória serve como um poderoso lembrete de que o rigor acadêmico e o compromisso social não são apenas compatíveis, mas, na verdade, mutuamente reforçadores.

REFERÊNCIAS

ASSOCIAÇÃO NACIONAL DOS CURSOS DE GRADUAÇÃO EM ECONOMIA (ANGE). *Anais do V Congresso da Ange*. v. 1. Natal: Ange, 1990.

ASSOCIAÇÃO NACIONAL DOS CURSOS DE GRADUAÇÃO EM ECONOMIA (ANGE). "Currículo Mínimo de Economia". *Cadernos Ange:* Orientações Acadêmicas. n. 1, 1993.

Camilla dos Santos Nogueira e Pollyanna Paganoto Moura

ASSOCIAÇÃO NACIONAL DOS CURSOS DE GRADUAÇÃO EM ECONOMIA (ANGE). "Novas Diretrizes dos Cursos de Ciências Econômicas". *Cadernos Ange:* Orientações Acadêmicas, 2006.

CORAZZA, Gentil. "Ciência e método na história do pensamento econômico". *Revista de Economia*, v. 35, n. 2, ano 33, p. 107-135, mai./ago., 2009.

NAKATANI, Paulo. "A formação dos economistas e a economia política no Brasil". *Revista da Sociedade Brasileira de Economia Política*. Edição Especial, n. 59, p 117-135, mai./jun. 2021.

TAVARES, Maria da Conceição. "Tendências de globalização, crise do Estado nacional e seus impactos sobre o Brasil". *Cadernos Ange:* Textos Didáticos, n. 6, 1993.

AO CAMARADA PAULO NAKATANI, COM CARINHO

Maria Lúcia T. Garcia

Vania Maria Manfroi

Camaradas são aqueles que se encontram
em um mesmo lado da luta política
Jodi Dean (2021)

COMEÇANDO UM TEXTO

O começo de um texto é sempre desafiador. Assumimos aqui que "escolher escrever é rejeitar o silêncio" (frase de Chimamanda Ngozi Adichie em vídeo no *Youtube*), e romper o silêncio é selecionar o que contar. Mas nos perguntávamos: o que escrever? Como fazer jus à importância intelectual do professor Paulo Nakatani? A primeira certeza é a de que vamos errar. E o erro é parte de um caminho em que tentar é sempre necessário. Ao optar por romper o silêncio, nossas vozes se juntam a tantas vozes femininas, neste texto. E representar essas, vocês, é infinitamente mais desafiador. Mas, mesmo com medo, decidimos aqui que o tamanho das ideias de Nakatani suplanta qualquer falha neste singelo e emocionado escrito. Assim, Vania e eu escreveremos hoje na primeira pessoa do singular, ora na primeira pessoa do plural. Retratamos aqui algumas memórias ao longo dos últimos quase 30 anos.

"Me alembro", como diz Riobaldo (personagem de *Grandes sertão: veredas*, de Guimarães Rosa). Vania e eu selecionamos memórias esparsas, de *flashes* do que vivemos. Assumimos também que "[...] a memória de um pode ser a memória de muitos, possibilitando a evidência dos fatos coletivos" (Thompson, 1992, p. 17). Como nossas histórias se cruzam? Paulo chegou à Universidade Federal do Espírito Santo (Ufes) em 1992; Vania iniciou a docência na Ufes em 1991 e Lúcia, em 1993. Somos contemporâneos de uma Ufes dos anos 1990.

Para começarmos efetivamente, cabe uma explicação. A opção aqui por iniciar com uma frase de Jodi Dean não foi sem razão. Talvez tenha sido o encontro mais inusitado de nossas vidas. Olhar para trás nos permite ver o presente, projetar o futuro e, nesse processo, constatar o quanto aprendemos nesse caminhar.

Vania conheceu Paulo nas assembleias da Associação dos Docentes da Universidade Federal do Espírito Santo[1] – porque, claro, o Paulo é um intelectual da filosofia da práxis que não se furtou nem às lutas sindicais, por vezes apenas corporativas, nem às lutas de caráter institucional. Ou seja, além de intelectual também desenvolveu a práxis política, indo ao encontro da última tese de Marx sobre Feuerbach: "os filósofos têm apenas interpretado o mundo de maneiras diferentes, a questão é transformá-lo" (Marx, 1981, p. 106). É nessa direção que chamamos as palavras de Sánchez Vázquez (2014, p. 233): "A práxis política, enquanto atividade prática transformadora, alcança sua forma mais alta na práxis revolucionária como etapa superior da transformação da sociedade". Nakatani sempre foi incansável nas várias frentes políticas em que atuou, sempre embasado no conhecimento teórico necessário à análise do capital, em suas diversas configurações, crises e nos retrocessos civilizatórios que advêm desses processos.

Podemos afirmar que Paulo Nakatani é um intelectual orgânico que se vincula historicamente às lutas contra a exploração, com vistas à superação da ordem do capital, e nos pautamos em Gramsci (1989), que aponta o papel da educação, em particular das universidades, para a formação cultural de uma contra-hegemonia:

> Em um novo contexto de relações entre vida e cultura, entre trabalho intelectual e trabalho industrial, as academias deverão se tornar a organização cultural (de sistematização, expansão e criação intelectual) dos elementos que, após a escola unitária, passarão para o trabalho profissional, bem como um terreno de encontro entre estes e os universitários. (Gramsci, 1989, p. 125)

É justamente no espaço da formação profissional que Paulo Nakatani atua, seja na economia como campo de produção de saber, contribuindo para desvendar as relações capitalistas na era do "capital especulativo pa-

---

[1] Criada em 1978, segundo o *site* da instituição.

Ao camarada Paulo Nakatani, com carinho

rasitário", seja na formação do Programa de Pós-Graduação em Política Social (PPGPS).

No último encontro que tive com ele, na festa em virtude da aposentadoria de Mônica Bianco, para a qual me desloquei de Florianópolis a Vitória para rever meus amigos da vida, eu lhe disse que finalmente estava tendo tempo para fazer um curso de fotografia, e ele me disse que fotografa há muito tempo. Isso não me surpreendeu, tendo em vista a sua formação intelectual ampla e suas vivências culturais. Nesse momento, a sensibilidade de Paulo descortinava outras estórias e memórias.

As memórias e os desejos de contar fatos recordados de Paulo vão ecoando. Ao falar para ex-alunas que estávamos escrevendo sobre Paulo Nakatani, Aracely Xavier prontamente escreveu um texto no WhatsApp e foi conversando com outras pessoas. Abaixo, alguns depoimentos que falam da relação generosa que ele teve com suas(seus) alunas(os) e algumas características assinaladas sobre a sua personalidade.

> É difícil falar algo relevante do Paulo porque ele é a idiossincrasia em pessoa. Como aluno, pesquisador de conjuntura e orientando, o que me marcou foram seu compromisso, assiduidade e generosidade. O Paulo chegava para dar aula às 7h e já tinha lido vários jornais e os comentava, citava autores de diversas correntes sobre um assunto, me criticava ferozmente por dizer que eu escrevia como jornalista, e não como economista. Uma coisa que poucos sabem é que *ele foi o idealizador do PET Economia*, e isso nos acometia de um forte sentimento de gratidão e admiração. Acho que os alunos têm muito orgulho dele e ele deve se orgulhar também de ter ajudado a formar toda uma corrente de economistas da heterodoxia no nosso estado. (Roger Ferreira, aluno do PET Economia, Ufes)
>
> O que posso falar sobre Paulo Nakatani é, em primeiro lugar, que ele tem um conhecimento tão amplo sobre as ciências econômicas que permite que possa explicar um fenômeno desde diferentes abordagens e pontos de vista teóricos. E ele compartilha o que sabe com generosidade, sem arrogância. Mas isso todo mundo sabe. O que me surpreendeu mesmo, quando participei de um grupo de estudo que era realizado em sua casa, foi descobrir que *Nakatani também é fotógrafo*. Comecei a olhar algumas fotos que estavam pela casa e, muito surpresa, descobri que as fotos tinham sido feitas por ele mesmo. Foi bom descobrir essa outra vertente. (Débora Sader, economista e aluna do mestrado)
>
> Paulo Nakatani, aos meus olhos, é incansavelmente comprometido e dedicado ao seu trabalho enquanto professor e intelectual. Fui sua aluna ainda muito jovem, no mestrado, e, talvez ele nem se lembre, mas eu adorava os

> intervalos das aulas, quando conversávamos sobre as vivências cotidianas, sobre o que comprar no supermercado, o que vestir, de forma que fosse valorizado o pequeno produtor, o trabalhador diretamente, e não grandes empresários. Eu pensava: "Paulo é cotidianamente revolucionário, respira o que pensa". Além de ter me ensinado muito no campo teórico, ensinou-me sobre um dos maiores prazeres da minha vida hoje: beber vinho. Sim, nas confraternizações do mestrado, ele sempre tomava vinho. Eu, com meu paladar infantil, tomava refrigerante, no máximo uma cerveja. Obrigada, Paulo, por insistir que os vinhos secos eram melhores do que os suaves e, assim, me fazer compreender que, como as teorias, os vinhos deveriam ser degustados. Você é sempre lembrado nos meus momentos de confraternizações. Quando o assunto é vinho, sempre digo: "Eu aprendi a tomar vinho com um professor meu". Um brinde ao Paulo, aos seus *ensinamentos que reverberam na existência de cada um* que com ele se encontrou. (Aracely Xavier, ex-aluna do PPGPS/Ufes)

Fotógrafo, apreciador de vinhos, contador de estórias de suas andanças pelo mundo, professor e militante, Paulo Nakatani é expressão de múltiplas facetas.

Como intelectual orgânico, esteve presente nas lutas sindicais da sua categoria – a de docentes universitários – e nas lutas pela universidade pública e contra as políticas neoliberais. Ao mesmo tempo, sempre manteve a atividade de pesquisa para analisar as experiências socialistas e do papel do Estado nesse processo. Possui larga trajetória de pesquisa sobre a China e Cuba. Esteve vinculado às lutas do Movimento dos Trabalhadores Rurais Sem Terra (MST). Foi signatário do *Manifesto em defesa do MST* (2009), além de realizar diversas atividades na Escola Nacional Florestan Fernandes. Ou, parafraseando Dean (2021, p. 20), "[...] o trabalho político é o que se quer fazer".

Como economista deu sua contribuição para a explicação do sistema capitalista, aprofundando a sua face financeirizada, tendo produzido, junto com Reinaldo Carcanholo, a tese sobre o capitalismo especulativo parasitário.

Em 2005 começamos uma pesquisa sobre o mercado de trabalho dos assistentes sociais no Espírito Santo[2] e nesse momento também Paulo Naka-

---

[2] A pesquisa foi coordenada pela Profa. Dra. Vania Maria Manfroi, que investigou o mercado de trabalho dos assistentes sociais na Região da Grande Vitória (municípios de Vitória, Vila Velha, Serra e Cariacica) e foi financiada pelo CRESS 17ª. Região, e teve como universo os profissionais inscritos no conselho.

Ao camarada Paulo Nakatani, com carinho

tani deu sua contribuição, participou da discussão do grupo sobre o seu texto (que posteriormente foi publicado) "A questão metodológica na discussão sobre a centralidade do trabalho" (Nakatani, 2008). O diálogo sempre foi outra característica do camarada: "Camarada traz à tona as demandas depositadas sobre aqueles engajados em uma luta política igualitária emancipatória, bem como suas expectativas" (Dean, 2021, p. 29).

Lembramos também de uma contribuição do camarada ao Núcleo de Estudos de Juventudes e Protagonismo (NEJUP), pois possibilitou a leitura de um artigo publicado por Rémy Herrera, "Os três tempos de uma revolta francesa",[3] e a realização de um debate sobre movimento juvenil na França no dia 15 de junho de 2006, pois o autor participou como palestrante do I Encontro Nacional de Política Social, idealizado por Paulo seguindo os moldes do Encontros Nacionais de Economia Política promovidos pela Sociedade de Economia Política (SEP).

Do ponto de vista institucional, Paulo Nakatani foi candidato à vice- -direção do Centro de Ciências Jurídicas e Econômicas (CCJE) em 2004, juntamente com Mônica Bianco, na perspectiva da defesa da democracia, da transparência e do caráter público da universidade, em oposição à direção de Sônia Dalcomuni e dentro de um movimento mais amplo que discutia os rumos da Ufes naquele momento. Éramos um coletivo de professores, servidores e estudantes querendo uma universidade pública, democrática, de qualidade e socialmente referenciada.

É claro que a política não se faz só com reuniões, assembleias, panfletagens às 7h da manhã, passagens em salas de aula para divulgar candidaturas de esquerda, discussões sobre programas, e não só em dias de semana. A política acaba invadindo a nossa vida. Assim, nos fins de semana nos reuníamos para discutir programa, estratégias de campanha, ensaiar para os debates etc. Parte dos departamentos de Economia (Reinaldo Carcanholo, Jorge Luiz Pessoa de Mendonça, Ângela Morandi, Luiz Antônio Saade, Maria José, o jovem Rogério Faleiros, Alexis Saludijan), Administração (Gelson Junquilho), Ciências Contábeis (Geraldo Antônio Moreira de Oliveira) e da Comunicação Social (as professoras Ruth Reis e Tânia Mara da Silva), além do Kleber Frizera, do Centro de Artes. Então, nossos encontros durante a

---

[3] Disponível em https://resistir.info/franca/remy_revolta_abr06_p.html, acesso 26 de maio de 2023.

Maria Lúcia T. Garcia e Vania Maria Manfroi

campanha eram muito produtivos e divertidos também. A fita laranja usada na campanha podia ser vista nos braços de muitas pessoas no CCJE.

Como perdemos as eleições, apesar da votação massiva dos estudantes, criamos uma confraria que se reunia periodicamente para conversar assuntos da gestão do CCJE e também para jogar conversa fora. Em todos esses momentos, foi possível conhecer melhor o sujeito, o ser humano Paulo Nakatani.

Aquele Paulo fechado, extremamente sério, intelectual brilhante, altamente disciplinado se tornava uma pessoa alegre, com um humor inteligente e que tinha uma trajetória que incluía comunidades alternativas, relação com o tropicalismo e um bom gosto musical. Aliás, esse bom gosto musical se transformava em presentes a amigos(as) de coleção de músicas latinas, por exemplo. E foram muitos CDs distribuídos entre companheiros brasileiros e estrangeiros.

Assim, a admiração e o compartilhamento das mesmas ideias nos aproximaram para bate-papos recheados de boas memórias e de um humor até então desconhecido. Se achas que conheces Paulo, o camarada te surpreende. Sagaz e de comentários recheados de humor, Paulo se colocava, em uma qualificação de tese, a fazer digressões sobre o doutor Simão Bacamarte, personagem do conto "O alienista", de Machado de Assis, e a tese machadiana nesse livro de que todos são loucos, menos nós mesmos, e que, ao mesmo tempo, a negação de nossa loucura é a demonstração cabal de loucura. E debatíamos ali o financiamento da saúde mental. Entre loucos, em uma sociedade que enlouquece, buscávamos o conhecimento.

Lúcia conheceu o professor Nakatani numa reunião da comissão do Programa Institucional de Bolsas de Iniciação Científica lá pelo ano de 2002, um ano após regressar do doutorado e Paulo regressar do pós-doutorado na França. A impressão que tive dele foi a de um professor muito reservado, calado e sério. E internamente me perguntei: "O que veio ele fazer aqui se nem sequer falou nada?". Talvez naquele momento Paulo me ensinasse uma cara lição: não precisamos abrir a boca para falar. Em seu silêncio, ele falou muito mais do que todos nós ali reunidos. Ele discordava de como a comissão encaminhava as decisões, e suas expressões faciais denunciavam isso. Assim, camaradas são aqueles que podem contar uns com os outros, mesmo quando não gostamos ou discordamos (Dean, 2021). Compreender a relação com os pares requer o tempo e o distanciamento para isso.

158

Ao camarada Paulo Nakatani, com carinho

Reencontramos Paulo Nakatani nas reuniões para criação do Programa de Pós-Graduação do Departamento de Serviço Social. Em 2003, por iniciativa de Vania Manfroi, convidamos os professores Reinaldo Carcanholo, Luiz Jorge V. P. de Mendonça e Paulo Nakatani a se juntarem ao projeto de criação do Programa de Pós-Graduação em Política Social (PPGPS). O convite era atraente a um jovem grupo do Serviço Social que buscava há algum tempo a criação do primeiro programa de pós-graduação da área de Serviço Social no estado do Espírito Santo. Contrastando com nossa juventude, reuníamos dois experientes professores da área de Economia Política – Reinaldo Carcanholo e Paulo Nakatani. Há exatos 20 anos, Nakatani tinha 25 anos de docência e experiência acumulada na graduação e pós-graduação em Economia. De volta à Ufes após um pós-doutorado na França, Nakatani já tinha acumulado mais de cinco orientações de mestrado. Era um professor que tinha muito a nos ensinar. E como aprendemos! As histórias a seguir são de total responsabilidade das autoras, têm um caráter de depoimento de algumas reminiscências que aleatoriamente selecionamos. Podem não ser as melhores, mas são as que nos marcaram ou as que podemos colocar no papel.

AS PRIMEIRAS LEMBRANÇAS – OU O ENCONTRO ENTRE JOVENS DOUTORAS E UM EXPERIENTE DOUTOR E PESQUISADOR

Nas reuniões de elaboração da proposta, pouco escutamos a voz de Nakatani. Sua presença, no entanto, era marcante. E o que seu silêncio dizia? Sempre me indaguei. Mas, acompanhado do silêncio, vi um camarada pronto a realizar as tarefas que lhe eram demandadas. "[...] os camaradas são iguais porque estão do mesmo lado e compartilham a mesma luta" (Dean, 2021).

Nas várias reuniões – formais e informais –, Paulo nos lembrava de suas aventuras do mestrado e doutorado na França. A saída do Brasil e a ida à França foram recheadas de situações tensas e desafiadoras. A metáfora aqui poderia ser: saiu do país em um "rabo de foguete" (como na letra da música de João Bosco, "O bêbado e a equilibrista").

Saindo do país entre o final de 1978 e início de 1979, Nakatani recordava o momento histórico, a perseguição política e os desafios de sair para fazer a pós-graduação com a família.

Dados do Centro de Gestão e Estudos Estratégicos (CGEE, 2015) indicam que os principais destinos dos doutorandos brasileiros nos anos

Maria Lúcia T. Garcia e Vania Maria Manfroi

1970-1980 eram Estados Unidos, França, Grã-Bretanha, Espanha e Alemanha, nessa ordem. Ou seja, a ida para a França seguia a tendência de sua época e a vinculação a um grupo de economistas. O país possuía poucos programas de pós-graduação nos anos 1970 e o número de doutores titulados no exterior girava em torno de 200 (CGEE, 2015).

Sair e titular-se no exterior era uma alternativa. Para as(os) jovens de hoje, seria bom também lembrar que nos anos 1970 não tínhamos computador. E Paulo nos lembrava de um fato simples: datilografava o texto a ser entregue ao orientador tantas vezes quantas fossem as versões produzidas. Ou seja, as habilidades de datilografia (desaparecidas para muitos e úteis no uso do teclado do computador) e a paciência de ter que datilografar tantas vezes quantas o trabalho fosse corrigido pelo orientador são ensinamentos muito importantes para as gerações atuais.

No final dos anos 1970 no Brasil vivíamos a transição entre o governo Geisel (1974-1979) e os primeiros anos do governo de João Batista Figueiredo (1979-1985). Em 1978-1979, com a revogação dos atos institucionais, a anistia e a extinção do bipartidarismo (abrindo a possibilidade de construção de novos partidos políticos), foi permitida maior mobilidade para que as classes e frações de classe se reorganizassem na cena política (Demier, 2012). O processo de transição política, conduzido e tutelado pela cúpula militar do regime (Fernandes, 2001), teve como um de seus componentes centrais a reorganização sindical e política da classe trabalhadora, expressa, sobretudo, pela emergência do "novo sindicalismo" em fins dos anos 1970 (Sader, 1988; Antunes, 1992, 1995) e a formação do Partido dos Trabalhadores em 1980 (Keck, 1991).

Jose Paulo Netto (2012) lembra:

> Foram as profundas transformações societárias emergentes desde a década de 1970 que redesenharam amplamente o perfil do capitalismo contemporâneo [...] Estas transformações estão vinculadas às formidáveis mudanças que ocorreram no chamado 'mundo do trabalho' [...] Mas são transformações que desbordam amplamente os circuitos produtivos: elas envolvem a totalidade social, configurando a sociedade tardo-burguesa que emerge da restauração do capital operada desde fins dos anos 1970. (Netto, 2012, p. 416-417)

Olhar hoje, transcorridos 20 anos, esse percurso de uma convivência marcada pela camaradagem é constatar o quanto aprendemos com a generosa partilha de conhecimentos.

Ao camarada Paulo Nakatani, com carinho

Só a dimensão do camarada Paulo possibilitou a todas(os) nós que um trabalho extenuante de docência se transformasse em um processo de constituição de lutas coletivas, boas gargalhadas, ótima música e ótima consultoria etílica.

A DESCOBERTA DA GRANDEZA DE PAULO

"Você conhece o japa?" Com essa pergunta, uma colega da Universidade Estadual da Paraíba, localizada na cidade de Campina Grande, inicia um diálogo contando a importância de Nakatani por aquelas paradas. Pouco conhecia daquelas histórias. Como é interessante escutares a história do colega pelos olhos de outrem!

Como chegou à Campina Grande? De volta ao Brasil nos anos 1980, Paulo juntou-se a um grupo de intelectuais em Campina Grande, onde conheceu, entre outros, seu principal parceiro intelectual, o professor Reinaldo Carcanholo, com quem se transferiu, em 1992, para a Ufes.

Lá, o então coordenador do curso, prof. dr. Paulo Nakatani, participou da criação do Programa de Educação Tutorial (PET) em Economia da UFCG no ano de 1988. Em suas palavras, "o projeto original do PET Campina Grande foi elaborado para conter os princípios determinados pela Resolução 11/84, para dar uma maior profundidade à formação dos petianos, assim como complementar as lacunas que as disciplinas do curso ainda não estavam em condições de oferecer". Assim, vemos que o PET Economia da UFCG completa este ano 35 anos. E o PET Economia da Ufes, com o qual Paulo contribuiu, completou 31 anos. Sabadini *et al.* (2015) lembram que: "O PET Economia/ UFES foi, em conjunto com o PET Engenharia de Computação, o primeiro PET fundado na UFES, em abril 1992 [...] a partir da experiência do PET Economia da hoje Universidade Federal de Campina Grande (UFCG)".

Essa importância de Nakatani foi descortinada em inúmeras provocações que fazíamos por meio de uma insistente pergunta: conheces alguém de tal país? Do outro lado, vinha sempre uma resposta positiva. A rede de relações de Nakatani é um capítulo à parte: são sempre lideranças políticas e intelectuais do campo crítico no Brasil e no mundo todo. Cada resposta às indagações feitas nos deixava sempre boquiabertas. Um claro exemplo disso foram as(os) inúmeras(os) convidadas(os) para o Encontro Nacional de Política Social (ENPS) organizado pelo PPGPS desde 2006. E não adiantava desafiá-lo, pois a resposta era sempre uma lista de nomes.

Maria Lúcia T. Garcia e Vania Maria Manfroi

Aliás, o ENPS foi ideia de Nakatani. Certa vez, perguntou: por que não organizamos um evento nacional próximo ao encontro da SEP? Dessa ideia, surgia um encontro que anualmente reunia amigas e amigos do Brasil e do mundo. E o sentido do encontro era esse – reunir e debater temas com parceiras e parceiros.

Mas, ao mesmo tempo que Paulo possui uma rede internacional da qual é membro ativo, não há nele nenhuma vaidade por isso. Se não perguntássemos, jamais saberíamos. Essa rede sustentou muitas das cooperações e dos convites a colegas para virem à Ufes.

Sob essa rede internacional e altamente articulada se esconde uma trajetória iniciada no interior do Paraná e a uma vida com inúmeras lutas. Parte dessa história, Nakatani narra em curtos *flashes*, que só ele pode contar.

Por isso optamos por contar fatos por cuja interpretação nós somos responsáveis. Somos nós falando de Paulo.

UMA AVENTURA EM TERRAS DO IMPÉRIO BRITÂNICO: A BOMBA QUE NÃO EXPLODIU

Estando em Paris, Paulo foi convidado a ir à Universidade de Coventry, na Inglaterra. E algo inusitado aconteceu. Vamos primeiro aos fatos históricos.

Na noite de 14 de novembro de 1940 a cidade industrial de Coventry na Inglaterra foi severamente bombardeada por 568 aviões alemães, que despejaram 500 toneladas de explosivos de alta potência, 50 minas de paraquedas e 36.000 bombas incendiárias. A cidade foi gravemente destruída, perdendo dois terços de suas fábricas de motores de avião, máquinas e armamentos. Foram também destruídas 4.500 casas e mortas 568 pessoas; outras 863 ficaram gravemente feridas. A destruição mais famosa foi da catedral, construção histórica. Esse ataque a Coventry foi o mais concentrado a uma cidade britânica na Segunda Guerra Mundial. Os alemães bombardearam muito as cidades de Londres, Birmingham e Bristol, mas o ataque a Coventry foi de grande simbolismo.

A cidade de Coventry[4] se localiza distante de Londres em torno de 140 quilômetros. A história da cidade é antiga. De um começo humilde na década de 1860, a cidade rapidamente se tornou o lar da indústria de bicicle-

---

4   O museu da cidade ilustra essa história.

Ao camarada Paulo Nakatani, com carinho

tas na Grã-Bretanha, atraindo engenheiros e empreendedores criativos em trens. Mas então, em 1896, a empresa Daimler começou a fabricar carros em uma fábrica de algodão abandonada em Coventry, e outra nova indústria nasceu, que lançaria as bases para a expansão da cidade no século XX.

Mas voltemos ao Paulo em Coventry. Durante os dois dias que ele lá esteve, a municipalidade descobriu uma bomba lançada na Segunda Guerra e que precisava ser desativada. Ou seja, a coincidência entre a presença de Paulo e a descoberta da bomba trouxe outros ingredientes à vida desse camarada. Afinal, não é todo dia que se acha uma bomba da Segunda Guerra.

O CORONAVÍRUS ENCONTRA PAULO EM PLENA CHINA

Em missão de pesquisa na Universidade de Lignan, em Hong Kong, Paulo acompanha a emergência da pandemia do coronavírus. A pandemia de covid-19 teve início quando a Organização Mundial da Saúde (OMS) recebeu em 31 de dezembro de 2019 um alerta sobre casos de pneumonia na cidade de Wuhan na República Popular da China (OPAS, s/d). Em 30 de janeiro de 2020, a OMS declarou o surto do novo coronavírus como uma Emergência de Saúde Pública de Importância Internacional e, em 11 de março de 2020, a covid-19 foi caracterizada pela OMS como uma pandemia (OPAS, s/d). Paulo regressou de Hong Kong no início de 2020. À época, relatou resumidamente a experiência de ficar em quarentena na universidade. Voltou ao Brasil e depois seguiu para uma agenda em Paris. E lá encontrou o início da pandemia em terras francesas. Me lembro de, estando numa estação de trem lotada em Londres, liguei para Paulo e perguntei: "Você está bem?". Sua resposta foi tranquilizadora. "Estou".

Olhando hoje, nos lembramos que, por ausência de protocolo, Paulo não fez teste na chegada ao Brasil ou quando viajou um mês depois à França ou quando de lá regressou. E nos encontramos todos – no Brasil e em Paris – e nem vislumbramos àquele momento a gravidade da pandemia e os desafios que enfrentaríamos no Brasil a partir da declaração pela OMS.

Nessas viagens, cruzando o mundo, Paulo escapou da covid-19.

PARIS AOS OLHOS DE NAKATANI

Estávamos em Coventry (fui lá pelo menos seis vezes e nunca apareceu nenhuma bomba) e decidimos – Rafael Teixeira e eu – ir a Paris encontrar

Paulo Nakatani e Mauricio Sabadini. Afinal, termos dois guias locais especiais foi um presente especial.

Caminhamos 14 quilômetros em um dia (marcados pelo celular de Paulo, que, certa hora, com razão, reclamou de cansaço e anunciou: "Chega!"). Ficamos surpresas(os), pois o dia passara sem que percebêssemos. Fomos ao restaurante Le Temps des Cerises, que abriu suas portas em 1976, na rue de la Butte aux Cailles, 18-20. É uma Cooperativa de Produção (Scop). No local, nos explicava Paulo, teve uma barricada da Comuna de Paris. A escolha de ser uma Cooperativa, como a do nome do restaurante Le Temps des Cerises, é uma homenagem à Comuna de 1871. Hoje a fábrica Panhard fechou, assim como as muitas oficinas de impressão cujos trabalhadores vinham comer no Temps des Cerises, mas a escolha da Cooperativa permanece.

Foi uma experiência ímpar conhecer Paris pelos olhos de Paulo. Um bom vinho francês, ótimas paisagens, perfeitas refeições e muitas histórias fizeram dessa viagem uma memória ímpar.

CADÊ O PAULO?

Aprendemos a gostar dos inúmeros amigos de Paulo, que foram se tornando amigos(as) nossos(as). Uma, em particular, aprendemos a gostar e a trabalhar juntas: Rosa Marques. Certa tarde, tocou meu telefone e do outro lado da linha escutei a voz aflita de Rosa perguntando por Paulo. Ela me contou que ele tinha se sentido mal durante uma reunião do grupo de pesquisa (de que ela participava *online*) e já fazia mais de 4 horas desde que Paulo disse que procuraria um serviço médico e ela não tinha mais notícias dele. Sua pergunta, "Cadê o Paulo?", era um pedido claro por notícias do camarada. A preocupação de Rosa se tornou nossa.

Saímos em busca de Paulo e o encontramos em um leito de observação num hospital. Imediatamente, com o relatório médico detalhado, informei o que seria o pesadelo de Nakatani: "Fico aqui até melhorares!". Para o discreto Paulo, estava ali uma invasão de que ele usualmente não gosta. Mas, diante das circunstâncias, ele admitiu a intromissão. E respondi para Rosa: "Achei o camarada e tudo ficará bem".

Essa não foi a primeira vez que me intrometi na saúde de Paulo. E ele, resignado, me ofertava semanalmente um relatório de como estava sua saúde. Talvez essa tenha sido a melhor estratégia para evitar maior intromissão, penso hoje o quanto foi esperto o camarada. Por outro lado, a preocupação da colega – sendo genuína – era tolerada.

Uma coisa ou outra, desenvolvemos um respeito, um cuidado e um bem-querer que foram construídos ao longo dos anos de convivência.

TENHO UM VICE – É PAULO

A certeza do apoio do camarada é um fato inabalável. Essa confiança, construída ao longo dos anos, se concretizou em muitos momentos. Certa vez, em uma reunião das colegas, discutíamos quem assumiria a coordenação do PPGPS. Vários nomes foram citados e todas respondiam negativamente. Apenas meu nome não era citado. Por ter ocupado muitas vezes a coordenação, entendia isso como a necessária construção de novas lideranças. Mas, diante da impossibilidade de todas, eu me coloquei: "Posso assumir!" Fomos surpreendidas pela reação de uma colega: "Você não tem vice". Como uma reação imediata, cunhei a frase: "Tenho, e é o Paulo!".

Pobre do camarada que mal imaginava o que eu ali aprontava. Finda a reunião, fui à sala dele e expliquei que ele seria meu vice e que assumiríamos a coordenação. Acho que a fala assumia àquele momento uma velocidade que não dava a ele tempo para reagir. Ao parar para respirar, escutei: "Tudo bem!". Olhei surpresa e aliviada e agradeci. Afinal, ali estava o camarada Paulo.

Como diria Jodi Dean (2021): "Fazemos o que precisa ser feito porque devemos isso a nossos camaradas".

OS 70 ANOS DE PAULO

Recebemos uma ligação de Adriana (secretária do PPGPS), que me lembrou que Paulo completaria 70 anos naquele outubro de 2018. Tomei um susto e, revoltada, disse: "Não é possível! Ele vai sair na expulsória?". Revoltada, liguei para a Pró-Reitoria de Gestão de Pessoas e questionei a lei. Afinal, a lei não podia obrigar a aposentadoria de Paulo! Surpresa, ouvimos a seguinte resposta da pró-reitora: "Professora, você se esqueceu que a lei sofreu alteração?". O limite de idade aumentou para 75 anos. Ou seja, havia três anos que, por lei complementar de 2015, a idade para a aposentadoria compulsória passara para 75 anos para todos os servidores e agentes públicos. A aposentadoria compulsória determina, como regra geral, que o servidor público com mais de 75 anos deve, obrigatoriamente, se aposentar de suas funções. A diferença dessa aposentadoria para as demais é que o requisito é a idade máxima, uma vez que se retira o trabalhador de sua função para que ele possa se aposentar independentemente da sua vontade.

Imputar que Paulo se aposentasse era algo impensável àquele momento. Dizia a mim mesma: precisamos muito ainda da contribuição dele. E tomamos uma decisão de forma impulsiva: vamos comemorar os 70 anos de Paulo em uma festa surpresa.

Fizemos um plano para uma festa em casa de Leila e Fernando Menandro e passamos imediatamente à execução. Enviamos convite às(aos) amigas(os) e começamos a receber as confirmações de presença. Criado o famigerado grupo de WhatsApp, as manifestações de adesão foram se avolumando.

Muito preocupado com essa festa surpresa, recebemos uma mensagem de Helder Gomes, que indagava: "Vocês perguntaram a Paulo se ele quer isso?". Bingo. Pergunta básica, cuja resposta foi: "É surpresa". Mas, Helder insistia: "Será que ele quer?". Ou seja, se a festa é para ele, é necessário saber se o aniversariante a deseja. Questão básica de quem bem conhece o Paulo.

Sem tempo – a festa seria numa segunda-feira e Helder me indagava um dia antes, num domingo, e com muitos(as) convidados(as) confirmados(as). Fui à sala de Paulo numa segunda cedo (dia da festa) e disparei: "Paulo, fiz uma besteira. Ficamos tão felizes que você ficará mais cinco anos conosco que decidimos fazer uma festa surpresa pelos seus 70 anos!". Até hoje não sabemos se ele se sentiu impotente, diante de uma metralhadora giratória que lhe comunicava decisões que não tinham sido partilhadas com ele, ou outra alternativa. Nunca saberemos. Ele apenas respondeu: "Tudo bem!". Na festa, à noite, Paulo compareceu, ouviu o clássico "Parabéns" e soprou a velinha no bolo. E nós, felizes por continuar com Paulo por mais anos. E torcendo para a lei mudar e continuarmos por mais que cinco anos.

Mas a lei não mudou e nos deparamos com o despreparo de lidar com a saída progressiva desse camarada. Já se passaram cinco anos desde que celebramos os 70 de Paulo. Ao escrever essa história, revivo o sentimento de perda. Mas Paulo nos lembra que quer ter mais tempo para fazer outras coisas.

Alguns dias após aposentar-se, saímos para almoçar e ele nos contou sobre os planos das viagens que agora fará. Mas também nos lembrou que a cada dia de aposentado há uma miríade de sentimentos a nos assombrar.

Ao camarada Paulo Nakatani, com carinho

SÃO 4H DE UM DOMINGO

Estava na África do Sul e a elaboração dos projetos para o edital Capes PrInt só nos traziam mais e mais tarefas. Estávamos em 2018 e a lista interminável de tarefas só aumentava. À época, essa foi a estratégia da pró-reitoria para fazer com que o PPGPS desistisse de participar da proposta final. Mas a decisão tomada foi de que participaríamos, e o camarada Paulo era o nosso professor mais internacional.

Envio um e-mail ao Paulo pensando que, quando ele acordasse mais tarde, iria me responder. Afinal, eram 4 h da manhã de um domingo no Brasil. Menos de 5 min depois, recebo a resposta. E, a partir daí, trabalhamos por cerca de umas três horas.

Ao final, enviamos uma mensagem a ele: Acho que somos loucos! A frase de Simão Bacamarte ressurgia em nossos diálogos. Mas, com a sagacidade e experiência, ele me perguntou: "Cadê os outros?". Nos dávamos conta de que lutávamos por recursos, mas que era um processo desgastante e muitas vezes solitário. Onde estão as(os) outros(as) camaradas? Essa é uma pergunta e um desafio constante. O vácuo que deixa a aposentadoria de Paulo.

A PERDA DE REINALDO CARCANHOLO

Deixar por último é dizer o quanto isso dói a todas(os). A perda de Carcanholo ocorreu às vésperas do ENPS. Companheiro de trajetória acadêmica de Nakatani, esses eram camaradas! Olhávamos preocupadas para Paulo e todos os colegas que sofriam com essa perda. Mauricio Sabadini, com os olhos mareados, nos lembrava a dor da perda. Mas lembro das inúmeras conversas com Carcanholo, que lembrava que o corpo é matéria. E era isso, o corpo ia, mas as ideias ficavam conosco diante da generosidade dessa dupla – Paulo e Reinaldo. Mas Reinaldo ia e Paulo passava a ser mais demandado por todas(os). Afinal, a dupla se desfazia por imposição da finitude humana.

Foi após a morte de Reinaldo que nos acostumamos a ouvir mais a voz de Paulo. E isso não significava que a voz estivesse calada, mas a divisão de tarefas entre eles tornava o processo mais fácil.

Na sessão em homenagem a Reinaldo, vimos um Paulo emocionado e que se permitiu externar parte de seus sentimentos. Lembro de Paola Carcanholo se referindo certa vez a esse "pai japonês".

E, nas singelas homenagens que a Ufes fez ao camarada Paulo, vimos sua grandeza retratada nas palmas, nas palavras, nos gestos e na emoção.

Ao camarada Paulo, com carinho.

REFERÊNCIAS

ANTUNES, Ricardo. *A rebeldia do trabalho:* o confronto operário no ABC Paulista: as greves de 1978-1980. 2. ed. Campinas (SP): Edunicamp, 1992.

ANTUNES, Ricardo. *O novo sindicalismo no Brasil.* 2. ed. Campinas (SP): Pontes, 1995.

CGEE. Relatório analítico. Projeto Estudo sobre os Doutores Titulados no Exterior: expansão da base de doutores no exterior e novas análises (1970-2014). *In:* CGEE. *Recursos Humanos para CT&I.* Brasília: Centro de Gestão e Estudos Estratégicos, 2015.

DEMIER, Felipe. "Democracias blindadas nos dois lados do Atlântico: formas de dominação político-social e contrarreformas no tardo capitalismo (Portugal e Brasil)". *Libertas,* v. 12, n. 2, p. 1-22, ago.-dez. 2012.

FERNANDES, Florestan. *Brasil:* em compasso de espera. Pequenos escritos políticos. Rio de Janeiro: Editora UFRJ, 2011

GRAMSCI, Antonio. *Os intelectuais e a organização da cultura.* 7. ed. Rio de Janeiro: Civilização Brasileira, 1989.

KECK, Margareth E. *PT:* a lógica da diferença. O Partido dos Trabalhadores na construção da democracia brasileira. São Paulo: Ática, 1991.

MARX, Karl. *Teses sobre Feuerbach.* Lisboa: Avante. 1981.

NAKATANI, Paulo. A questão metodológica na discussão sobre a centralidade do trabalho. *In:* MANFROI, Vania M.; MENDONÇA Luiz Jorge Pessoa. *Política social, trabalho e subjetividade.* Vitória: Edufes, 2008.

NETTO, José Paulo. "Crise do capital e consequências societárias". *Serviço Social & Sociedade,* n. 111, p. 413-429, jul. 2012.

SADER, Eder. *Quando novos personagens entram em cena:* experiências e lutas dos trabalhadores da grande São Paulo, 1970-1980. Rio de Janeiro: Paz e Terra, 1988.

SABADINI, Mauricio Souza *et al.* "A educação crítica e cidadã no PET Economia/Ufes". *Textos & Contextos* (Porto Alegre), v. 14, n. 2, p. 303-313, ago.-dez. 2015.

VÁZQUEZ, Adolfo Sánchez. *Filosofia da práxis.* São Paulo: Expressão Popular, 2014.

SOBRE OS AUTORES

Adriano Lopes Almeida Teixeira
Professor associado do Departamento de Economia e do Programa de Pós-Graduação em Política Social (Ufes). Doutor em Economia (UFMG). Membro do Grupo de Estudos Críticos em Processos Sociais (Ufes).

Aline Faé Stocco
Professora da Faculdade Interdisciplinar em Humanidades (UFVJM). Doutora em Política Social (Ufes). Coordenadora do grupo de pesquisa Observatório dos Vales e Semiárido Mineiro. Membra do Grupo de Estudos Críticos em Processos Sociais (Ufes).

Aline Fardin Pandolfi
Professora do Departamento de Serviço Social (Ufes). Doutora em Política Social (Ufes). Tutora do PET – Serviço Social. Ex-membra do Grupo de Estudos Críticos do Desenvolvimento (Ufes). Membra do Grupo de Estudos Críticos em Processos Sociais (Ufes).

André Moulin Dardengo
Professor do Departamento de Ciências Econômicas (UFVJM). Doutor em Política Social (Ufes). Ex-membro do Grupo de Estudos Críticos do Desenvolvimento e do Grupo de Conjuntura da Ufes. Membro do Grupo de Estudos Críticos em Processos Sociais (Ufes).

Camilla dos Santos Nogueira
Pesquisadora em estágio pós-doutoral no Programa de Pós-Graduação em Política Social (Ufes) e bolsista da Fundação de Amparo à Pesquisa e Inovação do Espírito Santo (Fapes). Doutora em Política Social (Ufes). Ex-membra do Grupo de Conjuntura da Ufes.

Sobre os autores

Daniel Pereira Sampaio
Professor do Programa de Pós-Graduação em Política Social e do Departamento de Economia (Ufes). Doutor em Desenvolvimento Econômico (Unicamp). Ex-membro do Grupo de Conjuntura (Ufes).

Gustavo Moura de Cavalcanti Mello
Professor do Departamento de Economia e do Programa de Pós-Graduação em Política Social (Ufes). Doutor em Sociologia (USP). Membro atual do Grupo de Estudos Críticos em Processos Sociais (Ufes).

Helder Gomes
Graduado em Ciências Econômicas e doutor em Política Social (Ufes), atua com assessoria às famílias capixabas atingidas pelo rompimento da barragem de Fundão (Mariana, MG) pela Adai-ES. Ex-membro do Grupo de Estudos Críticos do Desenvolvimento e do Grupo Dinheiro Mundial e Financeirização (Ufes).

Henrique Pereira Braga
Professor adjunto do Departamento de Economia (Ufes). Doutor em Ciências Econômicas (Unicamp). Ex-membro do Grupo de Conjuntura (Ufes).

Lívia de Cássia Godoi Moraes
Professora do Programa de Pós-Graduação em Política Social e do Departamento de Ciências Sociais (Ufes). Doutora em Sociologia (Unicamp). Coordenadora do Grupo de Pesquisa Trabalho e Práxis (Ufes). Ex-membra do Grupo de Estudos Dinheiro Mundial e Financeirização (Ufes).

Marcelo Dias Carcanholo
Professor titular da Faculdade de Economia (UFF). Doutor em Economia (UFRJ). Membro do Núcleo Interdisciplinar de Estudos e Pesquisas em Marx e Marxismo (Niep-UFF) e da diretoria da Sociedade Latino-Americana de Economia Política e Pensamento Crítico (Sepla).

Maria Lúcia Teixeira Garcia
Professora titular (Ufes). Doutora em Psicologia Social (USP). Bolsista de Produtividade em Pesquisa do CNPq.

Sobre os autores

Mauricio de Souza Sabadini
Professor do Departamento de Economia e do Programa de Pós-Graduação em Política Social (Ufes). Doutor em Economia pela Universidade Paris 1 Panthéon-Sorbonne. Membro do Grupo de Estudos Críticos em Processos Sociais (Ufes). Pesquisador do CNPq.

Naara de Lima Campos
Professora adjunta do curso de Serviço Social (UFVJM). Doutora em Política Social (UFES). Ex-membra do Grupo de Estudos Críticos do Desenvolvimento (Ufes).

Neide Cesar Vargas
Foi professora titular do Departamento de Economia (Ufes) e atualmente é professora voluntária. Doutora em Ciência Econômica (Unicamp), com pós-doutorado (PUC-SP). Foi coordenadora do Grupo de Pesquisas em Conjuntura do Departamento de Economia (Ufes). Participou do grupo de pesquisa E7 – Projeto de Estudos Críticos da Política de Desenvolvimento: Brasil.

Pedro Rozales R. Dominczak
Diretor da Escola Estadual Zumbi dos Palmares (Sedu-ES). Doutor em Política Social (Ufes). Membro do Grupo de Estudos Críticos em Processos Sociais (Ufes).

Pollyanna Paganoto Moura
Professora substituta do Departamento de Economia (Ufes). Doutora em Economia (UFRGS).

Rafael Breda Justo
Economista. Doutor em Política Social (Ufes). Membro do Inequality Group do Young Scholars Initiative (YSI-Inet).

Renata Couto Moreira
Professora associada do Departamento de Economia (Ufes). Doutora em Economia Aplicada (UFV). Ex-membra do Grupo de Estudos Críticos do Desenvolvimento, membra do Grupo de Conjuntura e coordenadora do Grupo de Estudos Marxistas da Dependência – Coletivo Anatália de Melo (Ufes, SEP).

Sobre os autores

Rogério Naques Faleiros
Professor associado do Departamento de Economia e do Programa de Pós-Graduação em Política Social (Ufes). Doutor em Economia Aplicada pelo Instituto de Economia (Unicamp). Ex-membro do Grupo de Estudos Críticos do Desenvolvimento (Ufes).

Rosa Maria Marques
Professora titular de Economia (PUC-SP). Coordenadora do Programa de Pós-Graduação em Economia Política (PUC-SP). Doutora em Economia (FGV-SP). Líder do Grupo de Pesquisa PDH. Bolsista produtividade CNPq.

Vania Maria Manfroi
Professora titular aposentada (UFSC). Doutora em Serviço Social (PUC-SP).